全国高校出版社主题出版 | 重庆市出版专项资金资助项目
西南大学创新研究 2035 先导计划资助项目

**乡村振兴探索丛书**
丛书主编　温铁军
　　　　　潘家恩

# 文化赋能乡村：
# 乡村文化振兴的案例与经验

沙垚　王昊　主编

西南大学出版社
国家一级出版社　全国百佳图书出版单位

图书在版编目(CIP)数据

文化赋能乡村：乡村文化振兴的案例与经验/沙垚，王昊主编.--重庆：西南大学出版社，2023.8
（乡村振兴探索丛书）
ISBN 978-7-5697-1342-8

Ⅰ.①文… Ⅱ.①沙… ②王… Ⅲ.①农村文化–文化研究–中国–文集 Ⅳ.①G12-53

中国版本图书馆CIP数据核字(2022)第189754号

## 文化赋能乡村：乡村文化振兴的案例与经验
WENHUA FUNENG XIANGCUN：XIANGCUN WENHUA ZHENXING DE ANLI YU JINGYAN

主　　编：沙垚　王昊

| | |
|---|---|
| 出 品 人： | 张发钧 |
| 策划组稿： | 卢渝宁　黄　璜　黄丽玉 |
| 责任编辑： | 邓　慧　徐庆兰 |
| 责任校对： | 张　琳 |
| 装帧设计： | 殳十堂_未 泯 |
| 出版发行： | 西南大学出版社（原西南师范大学出版社）<br>地址：重庆市北碚区天生路2号<br>邮编：400715 |
| 经　　销： | 新华书店 |
| 印　　刷： | 重庆正文印务有限公司 |
| 成品尺寸： | 170 mm×240 mm |
| 印　　张： | 12 |
| 字　　数： | 198千字 |
| 版　　次： | 2023年8月第1版 |
| 印　　次： | 2025年2月第3次印刷 |
| 书　　号： | ISBN 978-7-5697-1342-8 |

定　　价：58.00元

# 总 序

温铁军[*]

人们应该知道乡村振兴之战略意义实非仅在振兴乡村,而是在中央确立的底线思维的指导下,打造我国"应对全球化挑战的压舱石"。

2022年中央一号文件指出:"当前,全球新冠肺炎疫情仍在蔓延,世界经济复苏脆弱,气候变化挑战突出,我国经济社会发展各项任务极为繁重艰巨。党中央认为,从容应对百年变局和世纪疫情,推动经济社会平稳健康发展,必须着眼国家重大战略需要,稳住农业基本盘、做好'三农'工作,接续全面推进乡村振兴,确保农业稳产增产、农民稳步增收、农村稳定安宁。"

为此,应把"三农"工作放入我国的新发展阶段、新发展理念、新发展格局中来解构。"三新"这个词,可能大家很少深入去思考,我们简单回顾一下。2021年1月11日,习近平在省部级主要领导干部学习贯彻党的十九届五中全会精神专题研讨班开班式上发表重要讲话强调:进入新发展阶段、贯彻新发展理念、构建新发展格局,是由我国经济社会发展的理论逻辑、历史逻辑、现实逻辑决定的。这是新时期全面推进乡村振兴的指导思想。

就"三农"工作来说,当前要遵照2020年党的十九届五中全会确立的国内大循环战略,"两山论"生态化战略,城乡融合发展战略。

我在调研过程中发现,很多地方在稳住"三农"工作时没能很好地学习和贯彻"三新"战略,还在坚持以工业化和城市化为主的旧格局,以至于很多矛盾不能很好解决。

---

[*] 西南大学乡村振兴战略研究院(中国乡村建设学院)首席专家、教授。

新发展理念和旧的理念有很大不同，比如，现在我们面对的外部的不确定性，其实主要是全球化带来的巨大挑战。而全球化挑战最主要的矛盾就是全球资本过剩，这主要是近20年来，西方主要国家增发大量货币，导致大宗商品市场价格显著上涨，迫使中国这样"大进大出"的以外向型经济为主的国家多次遭遇"输入型通胀"。这些发达国家对外转嫁危机制造出来的外部不确定性，靠其国内的宏观调控无法有效应对。面对全球资本过剩这种历史上前所未有的重大挑战，我国提出以国内大循环为主体、国内国际双循环相互促进的主张。

因此，要贯彻落实2022年中央一号文件精神，就要把握好"稳"的基本原则，守住守好"两条底线"（粮食安全和不发生规模性返贫），坚持在"三新"战略下推进乡村全面振兴，打造应对全球危机的"压舱石"。

此外，在2000年以后世界气候暖化速度明显加快的挑战下，中国已经做出发展理念和战略上的调整。

中央早在2003年提出"科学发展观"的时候就已经明确不再以单纯追求GDP为发展目标，2006年提出资源节约、环境友好的"两型经济"目标，2007年进一步提出生态文明发展理念，2012年将大力推进生态文明建设确立为国家发展战略。"绿水青山就是金山银山"的"两山"理念在福建和浙江相继提出。2016年，习近平总书记增加了"冰天雪地也是金山银山"的论述。2018年5月，习近平生态文明思想正式确立。在理论上，意味着新时代生态文明战略下的新经济内在所要求的生产力要素得到了极大拓展，意味着新发展阶段中国经济结构发生了重要变化。

2005年，中央在确立新农村建设战略时已经强调过"县域经济"，2020年党的十九届五中全会强化乡村振兴战略时再度强调的"把产业留在县域"和县乡村三级的规划整合，也可以叫新型县域生态经济；主要的发展方向就是把以往粗放数量型增长改为县域生态经济的质量效益型增长，让农民能够分享县域产业的收益。

新发展阶段对应城乡融合新格局,内生性地带动两个新经济作为"市民下乡与农民联合创业"的引领:一个是数字经济,一个是生态经济。这与过去偏重于产业经济和金融经济这两个资本经济下乡占有资源的方式有相当大的差别。

中国100多年来追求的发展内涵,主要是产业资本扩张,也就是发展产业经济。21世纪之后进入金融资本扩张时代,特别是到21世纪第二个十年,中国进入的是金融资本全球化时代。但是,在这个阶段遭遇2008年华尔街金融海啸派生的"输入型通胀"和2014年以金砖国家为主的外部需求下滑派生的"输入型通缩",客观上造成国内两次生产过剩,导致大批企业注销、工人失业,矛盾爆发得比较尖锐。同期,一方面,加入国际金融竞争客观上构成与美元资本集团的对抗性冲突;另一方面,在国内某种程度上出现金融过剩和社会矛盾问题。

由此,中央不断做出调整:2012年确立生态文明战略转型之后,2015年出台"工业供给侧结构性改革",2017年提出"农业供给侧结构性改革",2019年强调"金融供给侧结构性改革",并且要求金融不能脱实向虚,必须服务实体经济。例如,中国农业银行必须以服务"三农"为唯一宗旨;再如,2020年要求金融系统向实体经济让利1.5万亿元。总之,中央制定"逆周期"政策,要求金融业必须服务实体经济且以政治手段勒住金融资本异化实体的趋势。

与此同时,中央抓紧做新经济转型,一方面是客观上已经初步形成的数字经济,另一方面则是正在开始形成的生态经济。如果数字经济和生态经济这两个转型能够成功,中国就能够回避资本主义在人类历史两三百年的时间里从产业资本异化社会到金融资本异化实体这样的一般演化规律所带来的对人类可持续发展的严重挑战。

进一步说,立足国内大循环为主体的新阶段,则是需要开拓城乡融合带动的数字化生态化的新格局。乡村振兴是中国改变以往发展模式,向新经济转型的重要载体。因此,《中华人民共和国国民经济和社会发展第十四个五年规划和2035年远景目标纲要》指出,要坚持把解决好"三农"问题作为全党工作的重中之重,走中国特色社会主义乡村振兴道路。

为什么强调"走中国特色社会主义"的乡村振兴道路?

因为,在工业化发展阶段,产业资本高度同构,要求数据信息必须是标准化的,以实现可集成和大规模传输,这当然不是传统农村和一般发展中国家能够应对的。并且,产业资本派生的文化教育体现产业资本内在要求,是机械化的单一大规模量产的产业方式。被资本化教育体制重新塑造的人力资本如果不敷用,则改用机器人替代……

中国特色社会主义与其最大的区别是,虽然产业资本总量和金融资本总量世界第一,但在发展方向上促成了乡村振兴与生态文明战略直接结合,对金融资本则严禁异化,不仅要求服务实体,而且必须服务于现阶段的生态文明和乡村振兴等生态经济,这就不是单一地提高农业产业化的产出量和价值量,而是包括立体循环、生态环保,以及文化体验、教育传承等多种业态。因此,乡村振兴不能按照资本主义国家农业现代化要求制定中国农业现代化标准,而是要按照建设"人与自然和谐共生"的现代化,形成中国特色社会主义乡村振兴的生态化指标体系。

近年来,党中央提出建设"懂农业、爱农村、爱农民"的"三农"工作队伍并指出"实践是理论之源",多次强调国情自觉与"四个自信"。回到历史,中国百年乡村建设为新时代乡村振兴战略积累了厚重的历史经验。20世纪20至40年代,中国近代史上具有海内外广泛影响的乡村建设代表性人物卢作孚、梁漱溟、晏阳初、陶行知等汇聚重庆北碚,使北碚成为民国乡村建设的集大成之地,而西南大学则拥有全国高校中最为全面且独特的乡村建设历史资源。

为继承并发扬乡村建设"理论紧密联系实际"的优秀传统,紧扣党中央关于乡村振兴和生态文明的战略部署,结合当代乡村建设在全国范围内逾20年的实践探索与前沿经验,我们在西南大学出版社的大力支持下,特邀相关领域研究者与实践者共同编写本丛书,对乡村建设的一线实践进行整理与总结,希望充分依托实际案例,宏观微观相结合,以新视野和新思维探寻乡村振兴的鲜活经验,推进社会各界对新形势下的乡村振兴产生更为立体全面的认识。同时,也希望该丛书可以雅俗共赏,理论视野和实践经验兼顾,为从事乡村振兴的基层干部、返乡青年、农民带头人提供经验参考与现实启示。

理论是灰色的,生命之树常青!

是为序。

# 前言

习近平总书记在多次讲话中提到,将马克思主义普遍原理和中华优秀传统文化相结合。乡村既是传承弘扬传统文化的重要场域,又是中国革命走向胜利以及社会主义建设和改革的重要阵地,从这个意义上说,文化振兴是乡村振兴整体布局中灵魂性的存在。文化如水,文化若道,文化利万物而不争。文化在乡村,可以滋润一切,联结一切。

在认识论层面,乡村不是城里人进行文化消费的后花园,不是需要拯救和保护的对象,乡村不能依附于城市而存在。相反,恰恰是当代社会发展遇到瓶颈,才迫使我们重返乡村,"礼失求诸野",以乡村为方法。因为乡村具有文化和生态优势,天然地与绿色发展理念和高质量发展要求相关联,指向粮食安全、绿色生态和文化自信,可以成为解决时代危机和社会问题的方法,更可以产生一种具有未来性的生产方式与生活方式。基于如上认知,一是传统文化不能仅仅作为保护对象去传承和弘扬;二是传统文化不能仅仅作为乡村文旅产业发展的助力手段。必须认识到中华文化的根在乡村,文化是乡村的后发优势,是实现乡村振兴的重要抓手。

文化赋能乡村,重点是两个抓手。

第一是文化治理。千百年来,礼乐、民俗一直发挥着重要的治理功能,维系着乡土社会的基本秩序。当代乡村文化振兴,不少基层干部依然受到"文化搭台,经济唱戏"的观念影响,没有认识到传统文化可以且必须纳入社会治理范畴。因为:其一,传统民俗活动常常表达着向善向上、弘扬孝道等价值取向,与社会主义核心价值观相一致,具有教化人心的作用;其二,传统民俗常常能动员数千人参加,且秩序井然,可见其中蕴含着极大的民间组织力,可以回应基层组织能力不足的问题;其三,传统节俗,如春节、中秋等节日的民间活动,具有较大的文化感召力,可以吸引人才回流,重新凝聚村庄人气,回应乡村空心化、留守化等现实问题。反过来,传统文化也只有参与社会治理,在社区中发挥一定功能,才能更有机地内嵌于社会,活态传承,不至衰微。

第二是文化的创造性转化与创新性发展。在新历史语境下,乡村文化发展离不开产业,通过机构共创,将人才、资源、观念引入乡村,结合乡村资源和文化基础,形成一系列未来可以持续运营的新的乡村无形资产,是一条可行且必要的发展路径,包括乡村新IP、新内容、新商品,以及新流量、新粉丝等网络新资产,可以增加乡村的品牌度和美誉度。一是促进乡村特色文化资源、传统工艺技艺与创意设计、时代元素相结合,以文化创意、科技创新、产业融合催生新发展动能。二是提升乡村规划和民宿设计文化含量,把更多艺术元素应用到乡村文化建设中,增强审美韵味、文化品位和附加值,服务高品质生活需求。三是把传统文化与时尚元素、中国特色与世界潮流结合起来,以国风国潮、沉浸式体验等方式助力乡村产业振兴,不仅能焕新、唤醒乡村历史文化,而且能培养青少年热爱传统、热爱祖国的精神。

希望这本书能够帮助一线的乡村文化工作者,穿透资本和权力编织的外衣,看到更为真实的乡村文化生存样态,并从中找到未来发展的方向。诚然,当代乡村文化存在这样那样的问题,丑化、异化的现象也不在少数,但是"要让希望具有可行性,不要让绝望具有说服力"(威廉斯语),我们的工作需要建设性,希望通过我们这一代人的努力,为未来十年、二十年,乃至三十年之后的中国乡村描绘一个未来,研判未来将要出现的问题,想象应然的状态。

真正的乡村,是有血有肉、有情有义、万物生长的地方;真正的乡村,是各种力量相互缠绕和博弈的正在进行时。而乡村里的农民,他们面对社会转型期的种种不确定,依然艰难而努力地生活,并用自己的双手创造着现在和未来。

百年之前,梁漱溟先生就号召"觉悟到乡村",以及"中国问题并不是什么旁的问题,就是文化失调";百年之后,我们提出乡村文化振兴,着力于用文化赋能乡村发展的方方面面。百年中国,经历了最为广泛而深刻的社会变革,也正进行着最为宏大而独特的实践创新,是"百年未有之变局"。我们知识分子,当勇立时代之潮头、通古今之变化、发思想之先声;我们乡村一线的工作者,当珍惜并投入这个火热的时代,让自己的命运与大时代、与祖国发展同频,还有什么比投身祖国一线战略实践更让人感到激动呢?

# 目 录

导论 ·········································································································· 1

## 第一章 主体性原则——以农民为主体 ······················································ 15

引言 ········································································································ 15
第一节 重新发现乡村振兴被遮蔽的主体 ················································· 18
第二节 农民画:作为艺术主体的农民 ······················································ 30
第三节 老人传承乡土文化:书写历史,人人有责 ····································· 36
第四节 另一种新生:乡村锣鼓队中的女性 ·············································· 42
第五节 仿佛若有光:在城乡之间发现一个主体 ······································· 46

## 第二章 内生性原则——释放农民生活世界的正能量 ································ 57

引言 ········································································································ 57
第一节 戏曲:社会主义文艺嵌入农村社会 ·············································· 61
第二节 耍歪官:民俗中的社会治理 ························································· 70
第三节 村庙:把握庙会的文脉 ································································ 79
第四节 黑龙潭庙会:用香火投资公共事业 ·············································· 85
第五节 面花:日常生活里的美食与礼仪 ················································· 91

## 第三章 时代性原则——洞察当代农村的文化自觉

引言 ……………………………………………………………………… 101

第一节 广场舞:20世纪集体主义的归来 ……………………………… 103
第二节 兰考:建构基层的文化合作社 ………………………………… 111
第三节 乡村春晚:农民的时代表达 …………………………………… 118
第四节 农民直播:乡村与时代的共振 ………………………………… 131
第五节 何谓幸福:川蜀农业县城生活纪事 …………………………… 142

## 第四章 业余性原则——融入日常生活的文化实践

引言 ……………………………………………………………………… 149

第一节 业余、自愿、小型、多样:农村业余剧团 …………………… 153
第二节 民间美术的民间性 ……………………………………………… 163
第三节 通渭书画:农村也是书香门第 ………………………………… 168
第四节 打钱杆:在游戏中传承乡土文明 ……………………………… 171

# 导 论

沙垚、王昊

## 一、选编思路

全面推进乡村振兴战略,文化振兴是一个重要方面。文化是社会运行持久、深厚的根源性力量,为乡村振兴提供了精神动能、智力支持和道德滋养。乡土文化是中华文明孕育的母体,耕作、节庆、婚丧、庆典等织构着乡村文化的方方面面,融汇成为中国传统文化的基本内核。党的十九大报告提出:"中国特色社会主义文化,源自中华民族五千多年文明历史所孕育的中华优秀传统文化,熔铸于党领导人民在革命、建设、改革中创造的革命文化和社会主义先进文化。"可见,当前农村从文化形态上讲,主要包括传统文化、革命文化和当代文化。诚如黑格尔所说,传统文化"有如一道洪流,离开它的源头愈远,它就膨胀得愈大"。乡村传统的戏曲、庙会、宗祠文化中,积善行孝的价值判断依然烙印在农民的思想观念里,地缘、亲缘关系仍是他们应对现代社会种种危机的主要文化资源;革命文化展现为文化礼堂、文化站、农村通信员,他们依然发挥着举足轻重的作用,婚丧嫁娶的人际关系网络依然是以生产队为基础建立的,但生产队在几十年前已经不复存在;当代文化更是异彩纷呈,既包括快手、抖音等网络平台传播的数字文化,也包括广场舞、乡村春晚等集体性的文化联欢。这三种文化形态共同演绎着当代农村的文化现状。但在乡村文化建设的实践中,对三者的把握却多有偏颇。

当代乡村文化振兴主要陷入了如下三个方面的"单向度"误区,即只强调其中某个方面而忽略其余,只强调文化的娱乐,而忽略与政治和经济维度的对话。具体来说,第一,过于强调主流意识形态,导致实践中的形式化与符号

---

① 本节改编自沙垚、王昊:《"主体—空间—时间—实践":新时代乡村文化振兴的原则与方向》,《浙江师范大学学报(社会科学版)》2019年第5期。

化;第二,忽略20世纪的革命史,直接回到明清、民国的传统;第三,过于强调数字技术和资本对农村文化的影响。

比如,很多"官宣"的乡村文化建设,塞满了空洞的词汇——文化繁荣、乡村振兴,可是如何落地,很少有人考虑。这导致实践层面一旦提到乡村文化,要么是非遗展演,要么是旗袍走秀,似乎这就是文化。但这忽略了文化的意义,抽离了文化的血肉,使其只剩下空壳。一项非遗,既能传承百年、千年,就一定有着深厚的政治经济意义,一定参与了日常生活,一定承担着社会功能,如果只是展演,如同那句老话,"言之无文,行之不远"。

比如,在当下传统文化复兴的时代,提到传统文化,似乎就只剩下儒道经典,清宫大戏充斥着荧屏,民国之风盛行,以至于"三从四德"和《二十四孝图》被荒谬地推到一个很高的位置。这样的文化宣传,只会让年轻人反感,让孝变得不近人情,甚至有些恐怖神秘。20世纪的中国革命和社会主义建设的文化被有意或无意地忽略了,本书秉持历史和文化延续性的观点,认为如果跳过20世纪,中国传统文化、乡村文化、民间文化都是割裂的,不完整的。

比如,随着智能手机等移动新媒体进入农村,如今的乡村已经步入一个全民抖音、全民快手、全民直播的世界。我们可以感受到新时代全新的农村文化娱乐,白天的辛劳也在夜晚的笑声中得以释放。但是,如果将文化等同于娱乐,这就意味着乡村的日常生活已经被媒介技术和资本全面占领,陷入一种生命无意义的"娱乐至死"的境况,有价值的政治和经济信息也随之淹没在娱乐的海洋,导致乡村的信息贫困。

前面所批判的,也正是本书所要坚持的。

由此我也希望提醒一线的乡村振兴工作者正确理解文化。当进入乡村文化的真切情境中,我们必须迫切地思考和回答:乡村文化的主体是谁,文化实践的原则有哪些、推动力是什么,以及如何处理传统文化、革命文化与当代文化之间的关系等一系列问题。要让乡村文化在振兴的过程中获得意义,获得与政治经济对话的能力,让文化参与社会治理,解决时代的迫切问题,而非仅仅作为娱乐和展演。我们不仅应该关注乡村文化的大繁荣大发展,更应该时刻思考和把握这些深层次的问题。

本书提出并紧紧围绕乡村文化振兴的四个原则,来讨论乡村文化振兴议题。乡村振兴工作者在处理和应对乡村文化问题时,需要坚持以农民为中心的主体性原则;坚持内生性原则,释放农民生活世界的正能量;坚持时代性原则,洞察当代农村的文化自觉;还应秉持业余性原则,乡村文化的可贵之处便在于"小型、自愿、业余、多样",从而将文化融入日常生活,实现对专业主义发展路径的超越。每一个原则,我们都找了四到五个案例,来说明该原则不是纸上谈兵,不是空空其谈,而是在某些地方已经落地,具有一定借鉴意义,且在更多的地方具有落地可能性。

借助这些原则和案例,我们希望本书可以助力乡村文化振兴,能够与一线乡村振兴工作者对话,并为他们提供一些启示,同时在实践中本书也会得到不断的完善和丰富,致力于有机的、永续的乡村文化事业。

## 二、主体性原则——以农民为主体

用主体性原则回应乡村文化是谁的文化,答案是显而易见的,乡村建设是为农民而建,农民是农村的主人和文化的主体。对农村衰落的体会,没有谁比农民更深切;对重建农村美好家园的愿景,没有谁比农民更强烈;探讨农村文化振兴的途径和方法,也没有谁比农民更了解农村的过往、当下与未来。

遗憾的是,无论是知识分子还是媒体都有意无意地忽略了这一点。比如这两年湖南卫视热播综艺《向往的生活》,倡导"守拙归田园"的生活方式,但在第一季中,田园是没有农民的田园。在当下种种返乡叙事中,农民的声音在何处?当全社会都在如火如荼参与和讨论乡村文化将往何处去的时候,农民却声如细丝,仿佛他们从来没有什么能力来探索和把握自己的未来。

高默波在《高家村》中明确提出"历史由谁而写,为谁而写"的问题,他认为精英的故事"不能代表中国",更不是"全中国人民的故事",虽然"相对于大多数的中国工人和农村人来说,我们确实有写历史的特权和资源;但这不等于历史仅仅就是我们写的那样或这样"。汪晖在此书的中文版序中亦肯定了"一种立足于经验和思索"的"人民的历史"观,共同张扬了"历史叙述回到农民,让农民成为乡村文化和历史书写的主体"这一具有时代性和先进性的历史观。

农民文化的主体性与共产党在乡村的社会主义实践密切相关。比如20世纪50年代风靡全国的农民画,1958年8月30日《人民日报》第7版,一篇名为《最美丽的画图——"江苏邳县①农民画展"明日开幕》的文章提到:"有十一二岁的孩子,也有木匠、扎彩匠,以及年过七十的民间剪纸老大娘。他们……根据自己的生活体会,根据实际的需要和群众的要求,同时也根据伟大和美丽的生活理想和幻想,他们大胆而豪迈地进行创作,充分表现了劳动人民的天才和智慧。"由此,复旦大学的倪伟教授在《社会主义文化的视觉再现——"户县农民画"再释读》一文中认为,农民画是"农民自己拿起了画笔来描画自己的生活与理想","农民第一次用自己的手创造了一个可供自我认同的崭新的农民主体形象"。户县②农民手中的画笔既是他们的生活,更是他们的理想,这使得无论平实朴素还是天马行空,都代表着一个个生命在风云际会的时代勇敢地表达和畅想,包含着高扬的斗志和肆意的梦想,是一个大大的"我"在这人世间的宣言,铺染形成了农民画的壮丽画卷。

这种农民的文化主体性在今天并没有式微,上海大学蔡翔教授在散文《底层》中指出,在道德和公平日益"沦丧"的当代,是底层(包括农民)将这个世界默默托起。只是在精英主导的时代,农民无法和知识分子、政界要员、商业大腕在公共媒体平台上平等地分享话语权,以至于被错误地认为他们彻底沉寂了。

2016年4月,网络上一份高陵口述史工作志愿者招募启事映入人们的眼

---

① 邳县,今江苏省徐州市邳州市。后文不再注解。
② 户县,今陕西省西安市鄠邑区。后文不再注解。

帘。为了抢救和记录历史,高陵区文化馆计划在全区范围内开展口述史采访与整理工作,邀请中国社会科学院、清华大学、陕西师范大学教授和陕西省民协专家来高陵区进行实际指导。我们有幸见证了这一激动人心的项目,高陵区文化馆的工作人员走访了辖区内1000多个村庄去寻找志愿者,发动退休教师、退休乡镇干部和在读大学生去采访老人。他们在简单培训之后,就拿着文化馆发放的录音笔开始了这项走街串巷的工作,以此来记录高陵区的村庄史、生活史、文化史、民俗史,展现传统农耕社会向现代社会转型过程中出现的文化变迁。这是典型的群众动员群众的群众路线,因为这些农民是具有文化主体性的农民,随之产生了一系列饱含着丰富民俗和百姓智慧的口述史作品。

正如义乌市何斯路村支书何允辉在微信文章《村支书谈振兴:学界的看法是错误的,乡村留守人员的价值亟待发掘》一文中所批判的那样,学者和媒体对乡村有着错误的认知,他们常常给村庄贴上空心化、破败的标签加以否定,因为他们没有看到村里留守老人、妇女、儿童的主体性,没有看到乡村留守人员的价值感和正能量。他在自己的村庄里把妇女动员起来进行垃圾分类,发展庭院经济;把老人动员起来整理村史,进行文化与道德建设;同时,也培养孩子们对自己村庄的热爱之情,积累他们的乡土知识。"386199部队"[①],大家一直是认为没有希望的,认为其是需要拯救的对象,但事实上,他们也是有主体性的。所以,我们应该打开思路,发现更多的主体。毕竟乡村振兴,不能等同于招商引资,也不仅仅是乡村旅游。

2017年在参加浙江省乡村春晚时,同行的一位教授问农民,你们为什么要在网上学歌舞呢?为什么不保持原汁原味的农村文艺演出呢?我们当然不会认同这位教授的观点,我们认为农民学习或复制代表城市文化的电视节目或互联网上的视频,恰恰体现的是他们的主体性,他们主动地学习,根据自

---

① "38"指"三八"妇女节,代指妇女;"61"指"六一"儿童节,代指儿童;"99"指农历九月初九重阳节,代指老人。"386199部队"主要是指农村留守群体。

己的审美有所取舍,留下了他们认为适合村庄、能够给村民带来快乐的节目,是他们用自己的主观能动性创作出属于他们自己的风格独特的晚会。因为他们明白晚会是演给村民们看的,而不是演给教授看的。更进一步,我们想知道,当互联网、手机进入乡村,当农民们纷纷使用微信、快手、抖音等App的时候,会带来什么变化,是否有可能给作为弱势群体的他们赋权呢?是否有可能在城乡二元对立的结构中打开一道口子呢?

这里面还有更多可以探讨且有趣的话题。因此,知识分子应当超越本阶层的利益和视野,深入农民的日常生活之中,发现他们在政府、媒体、学者和企业的夹缝中微弱的、却从未间断的实践,他们正用自己的力量自觉地为自己的文化寻找出路。

## 三、内生性原则——释放农民生活世界的正能量

内生性原则是从空间的维度回应乡村文化振兴推动力之来源,即从文化主体的实践、文化与社会的互动,以及文化传统内部生长出来的文化属性。如果不遵循内生性原则,那么即便是有着良好初衷的乡村文化政策,都会在实践中遭到"冷遇",甚至走向初衷的对立面。

比如"图书下乡",2015年8月22日《人民日报》第1版发表了杨汉祥的文章《今日谈:把什么送下乡》,指出了"村民们对大多数书不感兴趣,没人借阅,村里只好把它们挪到仓库,积满灰尘"的浪费现象;再如"电影下乡",很多新闻都提到没人看的现象,2014年6月19日搜狐新闻上一篇罗翰的文章《没人看也得放,电影下乡"遇冷"》,指出在一些地方甚至出现了"只有七个观众,开场五分钟之后,只剩下两个人还在坚持"的惨淡局面。究其原因,诚如中国农业大学何慧丽教授在《乡村生态自治与新农村建设》一文中所言,这种"一厢情愿"和"心血来潮"的新农村文化建设,期望在短时间之内实现"大规模运作",实则忽略了村庄的"可持续生存的内部逻辑"。

如今,激发乡村的内生动力已经成为不争的共识,那么如何激发呢?

2017年一则关于陕北黑龙潭庙会的新闻引起了广泛的讨论。庙会是中国乡村传统文化的重要载体,在乡村文化传承、社会秩序维护、地方认同建构与人文和自然资源管理分配等方面,都发挥着不可或缺的作用。虽然不少地方的庙会功能逐渐萎缩,大多仅余集市和娱乐功能,但庙会组织并没有完全退出乡村的公共领域。比如黑龙潭庙会,它利用庙会的香火收入,自20世纪90年代以来,持续投资地方公共事业,涉及环境、教育、医疗、农村基础设施、社会保障等多个领域,俨然一家具有庙会背景的社会企业。可以说,黑龙潭庙会贡献了一个关于乡村内生传统参与乡村社会公共事务治理的积极案例。

乡村振兴,一种团结的文化尤为重要。在浙江省缙云县,我们看到了元宵佳节的舞龙,一条龙除龙头、龙尾,每一节身子由4个男性青年抬起,一般100~200节,换言之,一条龙即上百人的队伍,一个人用力使偏,到后面便会产生巨大的惯性。如何保证整个队伍全速前进,且不偏不倚,需要一种令人感动的团结。有锣鼓开道,指挥着整个队伍,这是礼乐的力量。在夜幕中,队伍缓缓前行,或登山,或涉水,一丝不乱。我们曾伴随着舞龙的队伍夜行,热泪盈眶。

不只是庙会和舞龙,我还关注过2010年陕西省户县的社火。第一回合他们从锣鼓铜号喇叭拜年开始,阵容强大,营造出热闹红火的气氛。第二个回合是"出板对",两个村庄以对联的方式披露对方在过去一年里所做的有失公允、有失道德的事件,如不负责任的水电工、拖欠农民工资的包工头,便成为被批判的对象。至第三个回合,村民们会选出"歪官",这位"歪官"骑在马背上,有专人牵马,有人扮演衙役,有人举旗,在锣鼓队的簇拥下,在村庄多个地点表演和揭露一些众所周知的"丑事",达到针砭现实、教化民众的效果。比如他们会在乡政府门口质问"为什么路灯不明,马路不平?",随后教育乡官要主持公道,不要盛气凌人,注重"德治""仁政""廉洁"。表演过程既幽默诙谐,又切中时弊、鞭辟入里。这里面不仅有淋漓尽致的乡村舆论监督,更有基层民主自治等诸多积极元素。如果能将这些内生性传统文化元素利用得当,则可在很大程度上规避基层组织涣散、基层干部腐败、乡村文化荒漠化等系列问题,并能有效降低乡村治理成本。

坚持乡村文化振兴的内生性原则,就是要深度发掘农民自身蕴积的巨大能量,展现乡村文化深深扎根在百姓日常生活中的逻辑运行与情感表达方式,就如同陕西的面花,勤劳能干的关中妇女将饮食与艺术完美地结合,制作出色泽亮丽、造型生动的面花,现今在宗教祭祀、传统民俗、儿童玩具中仍能看到这些形制各异的面花作品。面花制作由主人家亲自动手,广邀左邻右舍,大家不计报酬,共聚谈笑。它以散发的方式和睦着邻居之间的关系,可见面花连接着乡民的敬畏、亲情、乡情,是乡土社会生长出来的艺术品。如上海社会科学院张炼红老师在《历炼精魂:新中国戏曲改造考论》(之后均简称《历炼精魂》)一书中所说,只有"潜在于生活世界的实践性能量……达致人心所向的政治复苏、文化创造和价值重建",才是乡民所需所要,同时在外部上以制度和经济等的方式去保障和养护他们,助他们生根发芽、茁壮成长,"开显出中国之道,真正体现吾土吾民的历练与担当"。

中国社会科学院的赵汀阳老师在《历史知识是否能够从地方的变成普遍的》一文中讲过一个故事,在非洲有一种木船,如果其中一块木板坏了,换成新的,不断地更换,最后所有木板都是新的,但船还是"那条船"。这个故事形象生动地说明了文化传统的内生与延续。乡村文化传统历经数千年之变迁,中国农民的价值观念、情感结构和世道人心绵延不绝,我们应顺应这种内部的传统,不要人为地制造文化的断裂,或从外部强加、赐予。同时,我们也应有发展变化的眼光,看到传统是流动的,没有一成不变的内生性,在具体历史阶段,要发挥主体的能动性,创造出具有时代气息的文化,即将内生性与主体性、时代性相结合。然后,再将这种时代的文化汇入历史的长河中。如今,无论是回归农村历史传统,或者完全由市场来主导农民的文化,都是不可能的,都是带着某种意识形态的"有色眼镜"进行的一厢情愿的浪漫主义想象。因为这三者已经紧紧结合起来,共同作用于当下的乡村文化振兴。

## 四、时代性原则——洞察当代农村的文化自觉

如果说内生性原则偏重历史和传统,那么时代性原则便是直接回应当代以人民群众为主体的乡村文化活动的现代性和当下性。习近平在哲学社会科学工作座谈会上的讲话中,提出"当代中国正经历着我国历史上最为广泛而深刻的社会变革,也正在进行着人类历史上最为宏大而独特的实践创新",因此,"这是一个需要理论而且一定能够产生理论的时代,这是一个需要思想而且一定能够产生思想的时代。我们不能辜负了这个时代"。这便是对时代性的充分肯定。事实上,在这个时代,不仅知识分子在产生思想和文艺作品,农民同样在乡村用自己的实践创造出反映时代,甚至引领时代的文艺形态。

时代性首先意味着一种参与力量与多元文化资源的集结和重组,比如乡村春晚。从"村晚"的组织上看,如加拿大国家特聘教授赵月枝在《乡土文化复兴与中国软实力建设——以浙江丽水乡村春晚为例》一文中所说,不仅"乡村春晚有机于村庄共同体"内部,而且是以农民为主体,把"外部力量"尤其是"各级政府"的资源整合起来。因此,一场乡村春晚,可以视为农民群众主动对村庄内外可供调动的资源的总动员,将返乡的打工者、大学生、创业青年,附近小学幼儿园的教师,乡镇文化干部,以及热爱文艺的村民都动员起来了,以文化的方式,凝聚人心,探索村庄未来的发展方向。从节目内容上看,主要基于地方性知识,有非遗展演,有政策释读,但更多的是反映农村社会问题,比如婆媳问题、留守问题,并将之置于城乡流动和不平等的社会结构的视角下寻求答案,他们认为家庭伦理(孝道)与和睦,可以将乡村团结起来。这体现了当代农民敏锐的洞察力,他们不仅反映时代,而且以文艺的方式主动寻找解决社会问题的方法,这是一种文化自觉。

村史、村歌、村约同样代表着乡民鲜明的文化构建的自觉力和创新力,它们试图去展现一种集体的凝聚力和行动力,将原子化、粒子化的乡民通过喜闻乐见的文艺形式重新连接,催生着他们内心的激荡和情感的共鸣,并以这

种连接去呈现对道德、文化乃至理想的追求和认同,这种强大的集合力量正是助推和发展乡村文化的不竭动力。此外,不仅仅是文化与情感上的体认,更为重要的是将这种体认深入乡民经济合作制度的建构中去,例如这些年在乡村愈来愈红火的合作社,以经济合作互助的方式,让乡民打通情感隔膜,在互惠互利中重新形成对于集体和人际关系的认识,彰显和高扬集体力量在现代社会的非凡成就和巨大能量,集体利益和个体利益在彼此交融中完成共生共荣。

另外,时代性更是一种因应的探索,是乡民在应对全球化的进程中,不断去触摸、探索人生尽可能饱满的边界,是学习、探索和提升的过程,其中孕育着他们价值判断的维度和角度,在建构和解构中趋向合理。比如广场舞,广场舞在当今之中国,尤其是在广大农村以及城乡接合地区,发展之快、规模之广、动员力之强,令人瞠目结舌,成为当代乡村一个重要的文化现象。为什么一个靠农民自发的以舞蹈为主要表达方式的民间传播活动,会得到如许的欢迎?在我看来,与乡村春晚一样,广场舞未尝不是具有主体性的农民面对农村文化和价值困境的一种自觉探索的方式。比如王芊霓在《污名与冲突:时代夹缝中的广场舞》一文中谈到当代中国社会结构的多重断裂,她将广场舞置于这样的背景下,作为一种消弭社会结构性危机,塑造多元包容文化价值体系的可能性。同样,黄勇军和米莉在《喧嚣的个体与静默的大众——广场舞中的当代中国社会生态考察》一书中也认为广场舞回应了"诸如理想主义的破灭、集体时代的残留记忆、城市化进程、商品房小区、人口高度流动、陌生人社会、空巢家庭、原子化家庭、老龄化社会……"等社会问题,并认为广场舞"有效地填补了社会与心灵的双重真空地带"。

这里,我们可以看到乡村文化实践在承载时代压力的同时,也生成着自己的追求意义和规划,这体现为朝着集体主义的方向回归。自20世纪80年代中后期以来,农民主要的文化活动是在家看电视,这是一种原子化的文化行为,与之相伴随的是乡村认同逐渐降低、人际关系日益疏远;同时,村民通过电视,想象并向往着城市生活。可是当他们来到城市,他们却被称为"边缘群体",他们的孩子在城市长大,却陷入"留不下的城市,回不去的乡村"的窘境。于是,集体主义的文化活动重新成为时代的诉求,比如广场舞和乡村春晚,村民们以这样的方式重新团结、聚集力量、整合资源。某种程度上说,乡村文化振兴的时代性表现为农民对乡村文化的自我救赎和图存发展。

### 五、业余性原则——融入日常生活的文化实践

农民的主业永远不可能是文化娱乐,文化是农民不可或缺的业余生活。如果以专业主义的标准来要求乡村文化活动,会导致乡村文化主体或者因专业水平过低而放弃和拒绝参加文化活动;或者因专业水平提高逐渐演化为专业化的演出团队,进而脱离乡村。这两种情况都不利于乡村文化传播,都不符合乡村文化振兴的要求。

2017年,浙江卫视赴全省各地,汇聚乡村春晚中优秀的节目,在浙江卫视播出。这一行为极大地鼓舞了民心,一些村民从来没想过这辈子会在省级卫视上表演节目,因此表现出极大的热情、自豪与自信。但是"优秀"的标准是什么?我看到选粹的节目,艺术性和专业性,而不是业余性成为最重要的标准。随之而来的问题是,追求艺术性,我为什么不看央视春晚?反过来,若以艺术性、专业性为标准,乡村争着上卫视,则可能出现聘请舞蹈名师教学,请专业团队写剧本等种种偏离乡村春晚初衷的铺张浪费的现象,这是需要警惕的。在乡村文化振兴的过程中,要通过政策来引导和保证乡村春晚的业余性,唯有如此,才能保证人民性;唯有如此,才能把乡村舞台上的文化表达涵养成一个时代的世道人心与文化认同。

回望历史,传统社会的庙会、社火等,大多是在丰收之后,或春节期间开展活动的,农忙时必须保证生产劳动,这是农民的主业,文化活动更多放在农闲时。并且,在长期的生产生活实践中,农民创造性地探索出了"半农半艺"的戏班组织形式,即农忙时务农,农闲时演出,做到了文化活动有机镶嵌于社

会结构之中。自20世纪50年代以来,文化主管部门便明确提出乡村文化活动的遵循原则——业余、自愿、小型、多样,体现了广泛的群众性。比如规定业余剧团应根据农村生产季节的特点,以在本村本队活动为主。应本着农忙不活动、农闲时间适当活动的原则,排戏与演戏必须利用节日、假日、雨天等农事空隙时间进行,不得占用生产时间,不得影响社员休息,更不得因排、演戏而记工分。严禁农村业余剧团向专业化、规模化与营利化的方向发展。这代表着农民对于自己业余生活的有意识地规划和安排,导之以向上、导之以积极,自觉抵制过度和粗俗。

　　农民在日常生活中,也具有培养自我情性的愿望和动力,比如甘肃省通渭县,近十年来才渐渐解决了交通和饮水问题,却保留了村村都有书画家、收藏家的传统风俗,即使识字不多、衣衫简朴,但乡民坚持在家中的中堂挂上一幅字画,不少乡民都是"拿起锄头干农活,提起毛笔作字画"的乡土书画爱好者,他们还常常聚会、切磋、交流和赏鉴,虽然未必个个"成家做腕",但在这种深厚的书画氛围中,促进了自我兴趣的孕育和发展,构成着他们别样化的生命状态。同样对于儿童,作为传承乡土文化的生力军,特别要注重开拓出文化场域让他们去体验,所谓的体验并不仅仅是观看,而是更为切实的深入参与,乡村现今还有很多民俗是专门为孩童设计的,比如说打钱杆、骑竹马和社火等。正是由于将儿童加入民俗体验的场域中来,才在他们的内心种下了地方知识文化的种子。一位参与打钱杆的小朋友就生动地说:"我小,可以打钱杆,等我长大了我就能敲堂鼓(指乡村锣鼓中的领军鼓,一般直径可达1.5米,行进中架在车上引领众鼓统一节奏),我到了我爷爷现在的年纪,还能敲锣。"如同民间美术一样,体验参与其中的男女老少,都不可能成为专业的书法家、工艺美术大师或者音乐家,但是孩童的经历可以构筑他们对于乡村文化的生动认识,形成着他们对乡村文化系统性的领悟,这为他们日后传承和创新乡村文化积淀了力量和动能。

　　当代世界社会分工日益明晰,专业化程度越来越高,这并不是21世纪才开始的。为什么在20世纪,全世界都在现代性的道路上狂飙猛进的时候,中国乡村文化实践却独辟蹊径,要求坚持业余性?这启发我们思考:专业主义的发展路径是不是人类社会或文化发展的唯一路径?是否存在另外的可能性?业余,因其不是主业,就不会追求经济利益的最大化,从而保证了乡村文化活动的相对纯粹性,饱含着温度和生机;业余,挑战了脑力劳动和体力劳动日益分野,以及体力劳动者和脑力劳动者缺乏交流沟通的现实的社会结构,重返马克思"生产者联盟"或"劳动者联盟"。业余的乡村文化活动建立了农村脑力劳动和体力劳动统一构建日常生产生活常态及其实践沟通机制,也在某种程度实现了马克思所期望的"上午打猎,下午捕鱼,傍晚从事畜牧,晚饭后从事批判",在这里,猎人、渔夫、牧人和谈判者、诗人的身份是可以在一个人身上实现统一的。如同农民艺人,很难说他是一个戏曲演员、文化传播使者,抑或仅仅是农民,因为身份是多重的,又是统一的。

## 六、结语

从2017年习近平总书记在党的十九大报告中提出乡村振兴战略,到2021年《中华人民共和国乡村振兴促进法》颁布实施,文化振兴作为"五个振兴"之一提上日程。

乡村振兴,文化必须振兴,这已经成为领导干部、知识分子和乡村实践者的共识,但如何振兴,还需要进一步探讨。本书尝试在中观层面提出四个原则,试图为乡村文化振兴扫除一些认识论上的障碍,从而把握社会主义文化的方向。即乡村文化振兴,必须以农民为主体,并且倾向于业余性的文化实践;必须坚持内生性原则,激活乡村的内生动力。同时体现时代性,既不能厚古薄今,也不能人为地忽略历史和传承。

# 第一章
# 主体性原则——以农民为主体

## 引言

沙垚、王昊

自党的十九大以来,乡村振兴成为我国的重要发展战略,随之各级政府积极竞逐其中,资本加大在乡村的博弈力度,知识分子也更加满怀情怀地在乡村大力地探索和实践着。可以看到,不同的主体力量在乡村建设的场域中,或你方唱罢我登台,或强强联手,展现出一片乡村建设热火朝天的繁华图景。乡村振兴,关键在人。2021年初,中共中央办公厅、国务院办公厅联合下发的《关于加快推进乡村人才振兴的意见》要求发挥各类人才主体在乡村振兴中的积极作用,但"乡村建设是为农民而建"是基本原则,应该看到并强调乡民自己登台亮相为自己代言发声的重要性,他们有着对于乡土的强烈的感知,有着建设家乡的强烈的动力,他们才是连接乡村过往、现在和未来的中坚力量,只有让农民成为乡村建设的弄潮儿,紧紧围绕农民的主体性,乡村振兴各方主体性才可能最大限度地形成集合性的倍增和扩大效应,共同实现振兴大业。

本章作者希望引导乡村振兴的工作者意识到农民的主体地位,进而将这种主体性落实到文化实践中去。

这种文化主体性是有历史依据的。我国的农民是经历过社会主义改造的农民,我们不能无视这一事实,否则,人们对农民的认识就可能会集中于无助的、可怜的、智识贫弱的这些负面的评价。文化研究领域知名学者、复旦大学中文系的倪伟教授意识到了这一点,早在十多年前,他便开始关注户县农民画,并从中发掘农民的文化主体性。

半个世纪前,在西安美术专科学校(今西安美术学院)教师的引导下,青年农民拉开了一场面向生活、面向理想的轰轰烈烈的农民画运动。画画让农民爆发出极为绚烂的艺术创造力,他们熟悉的土地,他们熟悉的人物,他们熟悉的场景,无论朴质写实,还是夸张变形,他们都强烈地表达出自我对于生命的热爱和探索,这也是对时代的讴歌,对国家的礼赞,这使得他们的生命与时代、与国家水乳交融在了一起。这不再是一支简简单单的画笔,这是中国农民第一次真正用双手描绘了自我的形象,因应着伟大的时代和国家,对于自我的开拓和提升,使他们成为乡土滋养出来的艺术家,艺术和生命得以完美结合。在今天乡村振兴的大潮中,我们仍然要尊重和激发农民的主体性,冲破意识形态上我们将农民定义为智识贫弱的定式和禁锢,在党的领导下,让人民更好地发挥当家作主的作用。

本章强调农民文化主体性,认为除了青壮年人力资源之外,还应该充分发挥留守老人、妇女以及流动群体的积极性、创造性。与此同时,我们也意识到仅仅依靠农民,乡村文化很难振兴,返乡群体的重要性也应该被看到。

一是留守老人和妇女。

我们要十分重视乡村"386199"部队蕴含的巨大能量。所谓"386199"部队就是指乡村留守的妇女、孩童和老人,他们被认为不具备或者部分不具备改造乡村的能力,属于乡村的弱势群体,但这一观点无益于发现和发掘留守人员的价值和作用。

经过多年田野调查我们看到,老人是乡土文化传承的重要力量和杰出代表,他们自身保有着一整套的乡土民俗文化知识,同时他们也是积极传承和实践乡土知识的坚实力量。无论是在乡土民俗的排练、表演的现场,还是在日常乡民自娱自乐的文艺社团中,老人都是最为活跃的身影。

妇女,21世纪以来逐渐成长为乡村文化舞台上的活跃力量,由于社会结构的变迁,很多原先由男性承担的民俗表演项目现在都由女性来承担,比如西安市鄠邑区文化馆特聘研究员王昊所观察的村庄里的锣鼓活动。在浙江大部分地区如火如荼开展的乡村春晚中,妇女主导的节目也占到节目总量的80%左右。女性所特有的文艺气质使得她们在乡村文化中日渐发挥出独特和巨大的作用,尤其是她们在家庭中的动员能力,如一位儿媳妇参加的活动,常常能动员全家都参与。

二是城乡之间流动的群体。

当下的乡村已成为流动的场域,走出乡村来到城市的既有奋斗成功的城一代,也有处于漂泊中的农民工,他们身上都有着故土生养的经历和恩情,同时又对城市的文化和生活方式有一定的了解。但是由于他们在城市中社会地位的差别,这两类群体交流甚少。2016年春节,黄灯老师一篇《一个农村儿媳眼中的乡村图景》刷爆互联网,斩获千万级的点击量,成为现象级的议题。当时,清华大学新闻与传播学院的博士生罗茜和中国社会科学院新闻与传播研究所的青年学者沙垚敏锐地意识到是谁贡献了点击量,经过量化分析,发现了城一代和农民工在互联网上的某种联合。

这种联合意义重大,由于类似的经历和困境,让我们看到了一种命运共同体的可能性。用真实性的文化交流让城一代和农民工在城乡之间架起一座沟通的桥梁,促进城乡之间信息的流动和交流的增长,一方面能激活潜藏在城一代和农民工身上的日常生活、价值观念与情感结构中的实践性能量,另一方面可以促进城市人口与乡村人口乃至流动人口互动。

三是愿意返乡的中小企业家。

无数乡土生养的精英在人生成功后,有了回报乡土、回报父老乡亲的愿望和动力,这是乡村振兴的重要力量。这些乡村精英在外经过多年来的跌打锻炼,有了丰富的社会经验,同时富裕起来的他们,也开始更多地思索人生的价值和意义,加之生养之恩让他们对故土有着深厚的眷恋之情,所以他们返乡并担任重要的村"两委"的职务,我们不能简单地将之归结为资本家对基层组织的腐蚀和渗透,认为他们会内外勾结地鱼肉乡民。

在沙垚对赵月枝教授的一次访谈中,赵月枝提醒我们看到返乡中小企业家的情怀和返乡的意愿应该得到鼓励和尊重。不同于大的工商资本和全球资本,返乡的中小企业家,尤其是与本地有着亲缘地缘关系的人员,他们在自己的家乡从事文化振兴活动,一方面,受到党组织与地方部门的引导、监管和制约;另一方面,由于地缘亲缘关系,他们常常有着共同的祖先,分享着共同的习俗、价值观念等,换言之,他们也受到家族和在地文化的规约。因此,这种情况下,他们会与在村的农民有更多的碰撞、互动与交融。

## 第一节  重新发现乡村振兴被遮蔽的主体[①]

乡村振兴,谁为主体?这个问题至关重要,尤其是如何看待各类返乡群体和留守群体。在地域和宗族文化认同的规约下,在共产党组织部门的引导下,返乡人群这一被争议的对象可以被认为是乡村振兴的重要主体;留守老人、妇女和儿童也不完全是没有希望的、需要被拯救的对象,他们是乡村的主人,他们身上的正能量和价值感需要被重新发现。因为,他们不同于其他亚非拉农村的农民,他们是经历过中国革命和社会主义改造的农民,他们知道社会主义是一种什么样的体验,他们具有社会主义的文化主体性。因此,需

---

① 本节改编自赵月枝、沙垚:《被争议的与被遮蔽的:重新发现乡村振兴的主体》,《江淮论坛》2018年第6期。

要将各类主体的力量都动员起来,使之相互制约,又共同服务于乡村振兴的大业。

赵月枝、沙垚
编者按

## 一、从文化到经济:谁是乡村振兴的主体

沙:自从乡村振兴战略提出来后,越来越多的学者聚焦乡村,也有越来越多的资本进入乡村。我甚至在一个乡镇看到过"用企业家的激情,点燃农民心中的梦想"这样的大幅标语。这里就涉及一个重要的,且必须解决的问题:谁是乡村振兴的主体?

赵:现在各级政府都在召开动员大会,很多乡村振兴讲习所已经挂牌成立,政府主体声势很大。资本主体也早就跃跃欲试,并且已经以各种形式介入。知识主体也是在场的,一些有乡村情怀的学者,也早开始各种乡村实践了,还有一些艺术家,到村里搞设计、创作农村题材的作品,甚至进行乡村建设。唯一缺席的,或者说还没有真正登上乡村振兴舞台的,是农民自己。当然,中央文件是明确的,乡村振兴要发挥农民的主体地位。因此,说乡村振兴的主体缺位,一不是中央文件不明确,二不是真的没有人做乡村振兴,而是说作为乡村主人的农民在乡村振兴这场时代大戏里面还没有真正登场,或者说他们的主体性还没有被充分调动起来。我举个例子。为了搞乡村旅游,一个偏远的空心山村搞起了文化节,村"两委"干部和文化站干部都很积极,又是拓宽公路又是搭台和组织节目,农民也会为了应景和挣钱而加入民俗表演。但是,农民对乡村旅游业能否发展起来和自己能否得益没有信心,他们的参与是为了别人的观看,虽然他们在场,但他们内心并不把这事当作自己的事情,而且他们是以群众演员的身份出场的。也就是说,群众没有被真正发动起来成为通过发展乡村旅游来振兴村庄这一事业的主角。当然,在我家乡缙云县,在乡村春晚的舞台上,农村妇女为了自我表达和村庄共同体的荣誉而

演出积极性很高,又是另外一回事。通过乡村春晚复兴乡土文化这一领域,一方面是地方党委政府的引领和有意识的乡村文化领导权的重建,另一方面是村民对传统春节的文化表达需要。两者一拍即合,形成了合力。

沙:按照您的讲述,至少在缙云乡村文化振兴的过程中,农民是有主体性的。但文化或许是"五位一体"总体布局中最为薄弱的一环。经济基础决定上层建筑,我们文化传播的学者不能绕过政治和经济去谈文化。那么,在经济层面如何理解乡村振兴的主体缺位问题呢?

赵:你这话说到我这个传播政治经济学者的心里去了。可以说文化是乡村振兴的先声、号角,但没有经济的支撑,尤其是强大的集体经济,乡村春晚是很难走远的。

沙:我插一句。在乡村振兴战略落地的过程中,增加农民收入是一个重要的方面。如果农民仅仅靠出去打工来提高收入,那他们还有没有经济主体性?战略中提到的壮大农村集体经济与增加农民收入之间是什么联系?有没有内在的镶嵌或者有机的互动?我们看到的仅仅是诸如光伏发电这样的项目,其确实是在一定程度上解决了集体经济薄弱的问题,但和农民并没有什么深刻的关系,只是租用了农民的场地或屋顶而已,也不能把农民组织起来进行生产,并不能全面地发挥农民的生产能力。

赵:你能看到这一点很好。虽然我们是传播学者,但在讨论文化传播之前,我们必须讨论农村的经济和经济组织的问题。我在家乡调研时发现,每个村都挂着好几个牌子,除了党支部、村委会、村监会,另一个牌子是"经济联社",但这块常常被我们忽略了。这与原来人民公社、生产队时期的集体经济组织有一定的连续性,是当下农村的集体经济组织,应该承担农村经济管理、服务和运营的功能,但现在大多时候它只是一个空牌子。通过村民选举和近年加强基层党建,乡村的政治主体是建立起来了,甚至得到了一定程度的强化,但是,随着人民公社解体和集体经济的衰败,村庄作为一个共同体的经济主体性弱化了。正如一位农村问题专家所说,由于"产权、财权、事权、治权"

统一的村社共同体名存实亡,乡村成了"主体无主体性社会"。也就是说,村庄共同体没有了经济基础,农村社会的治理主体也就无力自我解决村庄的问题,更别说发展了。所幸的是,改革四十年后,作为村社主体存在基石的土地集体所有制还存在,而且是农村改革不可动摇的底线。今天,乡村振兴战略又大力倡导壮大集体经济,在这样的语境下,有没有可能激活农村经济联社,使它成为农民在经济上组织起来的主体?

沙:去年,我在西北一个县的农办挂职。我们学习了贵州六盘水市的"三变"(资源变资产、资金变股金、农民变股东)改革,回来后就推动农村发展集体经济。其中探索的一个模式是,由村"两委"发起成立集体经济属性的合作社负责生产,它是由农民作为股东的、真正合作的合作社;由供销社负责对接市场,进行销售。虽然前些年供销社普遍瘫痪,但它在全国的组织、网络和系统还在。

赵:没错,想法是很好的。但问题是,一方面,这样有积极性、主动性和开拓精神的村"两委"是少数;另一方面,基层的管理者可能还需要进一步转变观点、解放思想。他们认为,农民搞搞卫生、跳跳舞是可以的。但如果把农民组织起来,去从事集体或合作性质的经济活动,又是另外一回事。或者说,有关部门可能并没有将组织农民发展农村集体经济作为一个破解当前乡村发展困局的选项。从集体经济在农村的兴衰历史和对这一历史的僵化理解来看,这就是一个意识形态和价值观念的问题了,也是媒体和传播学者需要参与解决的问题。我们要不断地去冲破这种意识形态的定式和禁锢。

沙:我想我们还是乐观一点儿。首先,似乎社会各界已经达成共识,即小农经济的农业生产方式无法应对现代市场的风险;其次,外来的资本似乎也不想直接和零散的小农打交道,成本太高了;最后,经济联社、供销社这样的机构在农村或许还有一些遗留的公信力和认可度。因此,或许困境之中也孕育着机遇。

## 二、返乡"资本家":从被批判的对象到乡村振兴的主体

沙:还有一个现象值得警惕,有一些乡村能人,在环境好的时候,发起合作社,但经济能力有限,在外来资本的冲击或利诱之下,很快就被收编,成为代理人。我调研过的一个县就有不少这样的合作社,他们帮助外来的瓜贩子压低瓜价,侵害瓜农利益。瓜贩子每斤瓜返给他们2分至5分不等,由此他们每年也能获得10万元至30万元的收入。县政府试图推动村"两委"成立集体经济的合作社,绕开瓜贩子和代理人,直接与长三角、珠三角的市场对接,但遇到了很大的阻力,瓜贩子和代理人联合起来,与新生的合作社打价格战,导致很多瓜农临时倒戈;同时,他们还以各种方式腐化基层干部。

赵:这个情况现在很普遍,让我想起了当年的买办和营利性经纪人。但也有例外。比如有人在外打工并积累了一定经营管理经验后,被返乡创业的政策吸引,回到山村承包了茶园,又在省科技特派员的帮助下,在新茶叶品种的种植、加工和营销上颇有成果,赢得了市场。同时,在乡镇干部的引导下,又想出了惠农方案,带领茶农共同致富。这样的返乡私人创业者故事,和你讲的代理人模式截然不同,是应该被鼓励的。他们不是马克思主义所反对的大资本家,也不是垄断资本或金融资本,他们掌握了资本运作技巧后返乡创业,受到本地文化的规约和道义的要求,决定了他们不可能成为资本的代言人去恶意剥削农民,而是回馈故土。

还有一些资本持有者,虽也有本地背景,但是以纯粹投资者的身份进入乡村的,是需要我们警惕的对象。比如,有返乡者在租用农民的土地搞乡村旅游的过程中,不但事实上无偿使用了农民世世代代创造的村庄景观以及生态和文化资源,而且因只把自己与村庄共同体成员的关系定位为简单的经济关系而与村民发生摩擦。这种情况下,外来资本主体和农民主体之间就产生了矛盾,而地方政府也不免面临着在这两类主体间站在哪一边的问题。实际上,当地方政府引进资本,让其租用农民的土地独资经营依附于村庄景观和

生态的旅游业时,就已经选择了支持回乡资本主体,而让农民处于从属的地位了。虽然,相关农民有一点儿地租收入,个别农民也可以出卖产品和劳动力,你甚至可以说,欧式庄园也为古老的村庄平添了现代化的景观,但相对于作为开发者的新庄园主,农民作为村庄主人的主体地位被边缘化了。总之,即使一个地方,也有不同的资本与农民结合的模式;即使同是返乡资本,也由于个体经历、认知和经营方式的不同,与农民和村庄有不同的互动方式。当一位村民抱怨回乡资本的代理者不屑通过递一支烟这样的姿态与村民打交道并融入村民中时,你会知道农民在意的不仅仅是几个钱,而资本在把自己"嵌入"村庄时,也需要更多地理解乡土文化。虽然上级政府完成了引资的指标,甚至希望这样的下乡资本能带动村庄的发展,但是,如果村民的作为村庄共同体主人的主体性(不仅仅是个别村民作为农产品出售者和雇佣劳动者这种经济层面的主体性)得不到尊重和发挥,那么,这能不能达到振兴乡村的目标还真很难说。实际上,如果指望外来资本重新组织和振兴一个村庄的经济,那就在指导思想上有问题了。

沙:对,现在回乡资本进入农村的模式很多,很难说哪一种模式是普遍,哪一种模式是例外。近年来,除了私人老板返乡创业外,私人老板返乡就任村主任、村支书的现象频频被学者们谈起,褒贬不一。更有人把这些现象讲述成一个"狼来了"的故事。结合您多年的乡村调查,您有什么发现吗?或者说,有没有可能总结出几种返乡的模式呢?

赵:比起私人老板返乡创业,私人老板当村干部是更需要我们关注的现象,因为这涉及乡村的核心问题。一方面,让一部分人先富起来,然后先富带后富,这是改革的诺言;另一方面,我们搞政治经济研究的都知道,在许多情况下,一部分人的"先富"常常伴随着另一部分人利益的牺牲,也就是说,富裕和贫困不是一个时间差的问题,而是一个共时的结构性问题。当然,我们需要具体情况具体分析。在一些沿海地区,除了前面提到的打工仔或资本返乡做农旅产业,先富的"能人"当村书记的现象也比较普遍,而这些人也可以被分为不同类型。第一种是一直在村里,靠原来的社队企业和村办工厂转制或自办工厂致富,由于从来没有离开过乡土,乡村对于他们不是一个完完全全的营利场域,而更多是祖祖辈辈生活的地方,因此他们常常有较强的公心和领导力,并且会利用自己的政治资源为村庄争取发展项目,从而获得村民的信任,不断当选村支书,形成比较稳定的村庄治理秩序。不过,对许多村庄来说,这样的村支书可遇不可求,实在是凤毛麟角。

第二种是由企业家转型的优秀村干部。1990年代以来,富人企业家当选村干部的情况越来越普遍。不过,许多入选者依然把主要精力放在自己在外的企业上,并没有把村里的发展和村庄共同体的利益放在首位。但是,随着时间的推移,特别是上级部门的引导和改造工作的推进,尤其这几年基层党建工作的深入,有些人开始发生了变化,从一个私营企业家转变成优秀的共产党员和村庄共同体利益的维护者。比如我老家缙云县就有这样的一些典型。在自己致富后,有些村支书现在一心一意扑到村庄发展和集体经济的壮大上。在一个以农业为主的村庄,一位村支书一方面通过经营村庄,把从事本地经济作物生产的分散农户组织成销售或加工合作社,形成规模效应;另一方面,通过争取上级的支持,把土地流转到集体,通过集体统一盖房出售给符合条件的村民的方式壮大集体经济,拿资金反哺农业和推进美丽乡村建设,进行合作社的农业品牌打造和推广。这样的村庄,对内是一个人际关系紧密的共同体,有温度、有人情;对外,又像一个有品牌效应的公司。这样的村庄一般空心化现象不严重,大家以留在村里为自豪。在另外一个处于城乡接合部的工业化村庄,作为当地大企业家之一的村支书在自己致富之后,通过基层党建推动美丽乡村建设,展示出了高度的党性和政治觉悟,从以身作则带领村"两委"一班人天天在村里捡垃圾开始,激发与锻造村民作为社会主义新农村主人的主体性,成为乡村振兴的主体。这样的村支书,既是"资本家",又是起到先锋模范作用的共产党员。相比于当年那些出身贫寒、一心为公的建设年代村支书,这样的村支书也许是当下村庄治理中一种比较可行的中国特色吧。总之,作为改革开放政策的结果,一部分能人已经先富裕起来了,这是事实。如果上级党委能引领他们,使他们自觉自愿地慢慢把自己的身心甚至一部分财富用来扶持壮大公共事业,进而锻造农民的主体性,这也算是新时代党建工作和政治思想工作的重心和亮点。在这个过程中,这些人从服务村庄中得到了精神满足,尝到了作为共产党员的荣誉感和使命感,也实现了自己的人生价值。当然,因为这些人成了政治明星,他们也起码在客观上为自己企业的发展赢得了政治和社会资源。

沙:肯定是有关系的。但是在现有的条件下,像您上面说到的这位村干部,以及他探索出的模式,应该算是很理想的了。村民认可他,他自己也有价值感,领导也赏识他。这个村的合作社,对外对接市场主体,对内组织农民生产。相当于是将村"两委"的经济功能分化出来,成为一个独立运行的、由全体农民持股的、具有集体经济属性的公司,确实不容易。

赵:我再讲另一个村支书的故事。这位村支书原来是个老师,离职到城里经商赚了钱后,惦记着自己的村庄,就想回到村庄实现自己的价值。他自己说刚开始为了虚荣,想让村民知道,自己在外面混得不错,现在要回来带着大家建设美丽乡村。为了能领导大家过上好日子,他回到村里入了党,目的是当上村支书,取得做村庄改造带头人的资格。由于他不走上层路线,所以自己经营和争取对村庄有利的土地和资金政策就很辛苦。有意思的是,也许正是由于他的知识分子背景,他对乡村治理的现状有深刻的分析,通过跟城里来的知识分子互动和到全国其他有社会主义内涵的乡村实践地参观,他逐渐改变了自己当初以虚荣为起始的回乡思想,成了一个有坚定社会主义信念的、致力于带领农民过上好生活的共产党员。除了在他自己的村里大胆从事旧村改造和新农村建设,力图发展集体经济和为村民提供各种福利,他甚至与山西的一个村庄结对,帮着那里的村民卖梨、卖米,建立合作社,把他发展集体经济的理念引到山西。他出去参观和开会,以及多次到山西的结对村庄,全部都是自费。

沙：资本持有者变成村支书或村主任的故事，我们一般都是批判的，认为是资本在侵蚀基层组织。但现在看，这种观点似乎过于片面、武断和不接地气了。要真正进入乡村内部，顺势而为，具体问题具体分析。因此，我们需要跟知识界有个对话。

赵：对。我自己当年也是这样忧国忧民地、居高临下地看乡村，但这几年与乡村接触多了，感觉事情没有我们想象的那么复杂。我有了这样几点想法：

第一，就像我们知识分子对乡村有情怀一样，你不能怀疑乡土经济精英返乡的主观愿望，他们也有返乡建设家乡的情怀，这个意愿不一定是为了赚钱，有可能就是想证明自己，想反哺乡亲们。我觉得我们是应该尊重他们的，他们是真实的，为什么你和我可以是真实的，人家就不能是真实的？这一代人，现在四十多岁、五十多岁的，基本上都出去过，也赚过钱。到了一定年龄，他们开始思考如何实现自己人生价值的问题，发现在城市里你无非就是一个小商人，很难使自己得到全面发展，更无城里人的认同感。但是回到自己的乡村，有了归属感，还能为乡村做点事。总之，如果流动农民工是一群"待不下的城市，回不去的村庄"的人，那么，这些在城镇致富的人，是一群有条件回乡，并且可以成为振兴乡村带头人的群体。总之，他们应该被认为是连接城乡断裂处的重要力量，而不是"狼来了"。这也属于我们中华民族千百年来的乡土情结在今天的延续和表达，我觉得是需要得到鼓励和承认的。所以，我不怀疑他们返乡的动机。但是，回来以后，他们的做法是否妥当，能不能深入群众，可否使自己真正"嵌入"村庄，能不能把事情搞起来，不能一概而论。这些人中，有的私心很重，在村中任职更多是为拓展和保护自己的生意，也有的由于多年在外或这样那样的原因，没能真正起到带领村民重构村庄主体性的作用。

第二，当前，这批人确实有经济实力，他们在城市积累的经验，尤其是企业管理经验、经商经验等是乡村振兴需要的。他们在外面奋斗了很多年，这个时候返乡,跟我们那种纸面上谈的资本下乡是不一样的,因为这不是抽象的资本,而是有人情和文化认同的。所以,主观上他们有热情,客观上他们有能力,需要做的是释放他们的力量,而不是一棍子打死。我们要分析不同类型,我们也要考虑怎样从党组织基层建设的高度建立一套意识形态教育、知识界引领和村民监督的机制,使他们重新回到乡村之后,能够更好地与村民互动,引领乡村走向"五位一体"的振兴之路。

第三,我一直在想,如果通过基层党建,能让乡土资本持有者重新"嵌入"乡村社会,甚至成为乡村共同体的维护者和乡村振兴的引领者,那是不是就找到了一条不以摧毁乡村为代价的中国式现代化道路?中国很大,不同区域和不同乡村的发展千差万别。由于西方工业资本主义发展模式的影响,也由于两亿多农民工外出打工是主流,批判学术的重点一直在中国"新工人"主体性问题上,而那千千万万离土不离乡或已经返乡和可能返乡者以及他们与乡村的关系问题却很少有人关注。

沙:您的意思是,相比于一味地回避或批判资本持有者变成村支书的现象,更重要的是如何建立一套组织考核、思想改造和舆论监督机制,把工作重心转移到引导他们成为真正的、为人民服务的共产党员上。那么,我们知识分子应该怎么做呢?

赵:首先,在认识层面,我们应该打破书斋里的教条和偏见,媒体上曝光的土豪和村霸,不代表所有的返乡群体;当年乡村能人纷纷离乡,如今返乡,恰好填补了空心化带来的种种问题。其次,在实践层面,组织部门应有意识地将他们培养、改造为乡村振兴的带头人,把村民组织起来。知识分子可以介入乡村,但不能先入为主。对所见的多面乡村人和事,该弘扬的弘扬,该引导的引导,该批判的批判,从而形成国家、资本和社会的良性互动。针对那些仅把自己当资本化身,不尊重农民的主体性,没有能够认识到嵌入乡村的重要性和必要性的返乡资本,只要党委政府进行监督和正确引导,就能促进资本和村庄在冲突和斗争中达成新的妥协和平衡。这必将是资本和村庄的主体性同时得到重构的过程。

## 三、结语

沙：今天我们讨论了乡村振兴的主体。我感到很振奋。您以前说过，中国的农民是经历过中国革命和社会主义改造的农民，不同于阿Q，也不同于其他亚非拉国家的农民，他们知道社会主义是一种什么样的体验，他们具有社会主义的文化主体性。

赵：没错，中国的农民是现代的农民，是经过中国农村的社会主义改造的农民，但一些媒体老是把农民当作前现代、前资本主义的主体，这是一种西方中心主义线性历史观和去历史化的表现，因为整个社会主义的农民改造都不见了。冯象有篇关于《秋菊打官司》的文章很有意思，他说秋菊那会儿"打官司"，是向村干部，向国家干部，亦即代表党和政府为人民服务的干部"讨说法"。现在的城里的"新秋菊们"，说是享有神圣的私有产权契约自由，甚而内心皈依了教科书上的个人权利，行事却一百个小心，要看官员老板的脸色。如果我们把这段历史抹杀了，那么我们都会变成"新秋菊们"。

沙：今天，您的观点是不是可以这样概括：在乡村振兴的过程中，如果具有文化主体性的农民与政府联合起来，是有可能管理和引导下乡资本的？

赵：对的。与英国的圈地运动中国家成为资本的帮凶不同，也与白人垦殖主义者面对北美原住民的情景不同，今天的中国是一个由共产党领导的、通过农民革命锻造过的国家，她倡导"不忘初心"；农民也是一个经过革命和改革洗礼的群体，在许多地方，村庄共同体的文化根基也还在。同时，下乡的资本也不全是洪水猛兽，它是可以被嵌入社会、嵌入社区的。我们都知道一些地方本地资本腐蚀官员、绑架政府的故事，但我也在想，因为本地资本在文化传统、村庄认同方面的特殊性，是否也更有可能被本地政府所节制？这里，领导干部的意识形态和价值观念尤为重要，关系到乡村振兴的性质。如果政府能够站在农民的立场，农民能够以集体的名义，以入股的方式，参与到农旅结合或其他乡村经济方式的管理中去，那么一条独具中国特色的乡村发展道路便会逐渐清晰起来。如果仅仅是让农民把土地出租出去,农民虽然在名义上是土地的出租者,但一旦经营权长期流转出去以后,就会变成事实上的雇佣劳动者,那么就可能会慢慢走上资本主义道路了。所以,关键是经济模式。

沙:您前面提到中国与英国圈地运动的不同,但也有学者把现在的资本下乡与当年英国的圈地运动类比,您在这一点上能否多说几句?

赵:中国农村何去何从是我们关心的重要问题。有时我也担心,"大地主""大资本家"会主导中国农村。但又觉得不必过分忧心,当年圈地运动时,英国国家站在资本一边,农民毫无议价能力,而今天的中国不一样。第一,中国共产党"不忘初心",也正在加强农村党建;第二,中国农民是经过革命和改革锻造的,他们的主体意识中,不可能没有社会主义的因素。因此在原则上,在共产党领导下,中国的农村和农民,不至于被资本消灭。这个问题不在于资本有没有冲动,而在于农民有没有组织起来。我个人还是乐观的。但依然存在问题。大的结构方面,这取决于中国在世界经济体系中的地位和中国农业被保护的程度;小的方面,这涉及农民意识中的社会主义主体性成分能不能被继承和强化。我在有关乡村春晚的文章里也写到,现在的妇女,也就是我这一代的"大妈们",在退出历史舞台后,残存的革命性和集体性有没有新一代来承传,这一点很重要。也正是因为这个原因,我做的部分工作,是乡村口述史和乡村记忆。

沙:谢谢赵老师!

## 第二节　农民画：作为艺术主体的农民[①]

  数千年来的封建社会中，中国农民向来被视为落后愚昧的群体，然而，20世纪50年代以来，中国农村产生的"农民画"成为新中国美术史上一个相当独特的画种。它的变迁所折射的是半个世纪时代风云的变化。在以前，农民画被当作社会主义文化实践的成果而广为宣扬，而之后，农民画只是作为一种商品，在市场上求得一隅生存之地。但不管怎样，半个世纪多之后的今天，我们依然可以体会到农民画中所包含的文化力量、精神气象，其坚强有力、经久不息。因为这是中国农民第一次用自己的手创造了一个可供自我认同的崭新的农民主体形象。

倪伟、段景礼<br>编者按

### 一、农民画的历史

  新中国农民画诞生于1950年代。在1958年的"大跃进"运动中，全国各地农村都掀起了一场壁画运动，以配合宣传总路线精神。在这场声势浩大的壁画运动中，广大农民创作了无以数计的作品，并且涌现出河北束鹿、江苏邳县、安徽阜阳、陕西户县、四川绵阳、湖南浏阳等著名农民画之乡。

  "大跃进"时期的农民画带有鲜明的时代政治烙印，农民画家们"根据伟大和美丽的生活理想和幻想……大胆而豪迈地进行创作，充分表现了劳动人民的天才和智慧"。例如当时有一首诗，题目是《我来了》："天上没有玉皇，地下没有龙王，我就是玉皇。我就是龙王。喝令三山五岭开路：我来了！"画面中是一个体魄壮实的农民，手执镐头，瞋目远视，两边的山岭就像给他开出一

---

[①] 本节"农民画的历史"部分主要由段景礼老师撰写，"农民画的意义"和"结语"部分主要根据倪伟老师《社会主义文化的视觉再现——"户县农民画"再释读》（《江苏行政学院学报》2007年第6期）一文改编。

条道路。青年农民葛正民画了一幅《谷子丰收》,画面上布满树林样的谷子,下面几个农民仰望着谷子无可奈何叹气。题诗为:"谷穗长得碌碡大,社员收割没办法。大家回家去讨论,组织力量来砍伐。"青年农民梁溥画的《坐上豆壳水中游》,题诗为:"水库修成后,黄豆大丰收。豆壳当船用,愉快水中游。"杨志贤画的《大丰收》,题诗为:"谁说天上没有路,梯田修到云里头。云雾深处五谷香,南天门外庆丰收。"还有画英雄人物的,将老头画成"老将黄忠",将妇女画成"女将穆桂英",将青年画成"英雄小罗成"等。尽管这是一种"乌托邦"式的想象,但壁画活动确实调动了农民作者朴实、天真的生活情趣,激活了他们传承既久的民间美术基因,使他们不自觉地进入一个艺术的新领域。那些充满美好愿望,近乎虚幻的稚拙画面里,流露出农民作者的真挚感情。

户县农民画家刘水力先生送给沙垚的农民画作品,沙垚提供

在这波农民画热潮中,户县农民画迈出了第一步。1958年底,西安美术专科学校(今西安美术学院)青年教师陈士衡来户县,将农村壁画活动中涌现出的20多名青年农民集中在甘峪水库工地办了一期美术训练班。他根据当

时的情况提出"生活化"的要求,即"深入生活,体察生活的丰富性多样性"。提出了朴素的、易被农民理解的"画记忆,画现实,画理想"的"画理"。农民作者开始面向生活,面向现实。这一时期他们画了一批被专家认为"朴实得像农民一样"的画。这批画奠定了户县农民画发展的基础。

"大跃进"结束后,户县文化馆美术干部丁济棠、刘群汉又以陈士衡的方法,坚持办美术训练班十几年。他们的具体方法是,每期训练班一个月左右,将有一定美术基础的农民作者集中到文化馆或村镇,进行一些美术基础知识培训,然后放手让他们创作。辅导者提出"你想画什么就画什么,你想怎么画就怎么画"的宽泛要求。这些方法要求看似放任自流,但从另一方面成全了农民作者——他们没有条条框框的限制,不管什么形式美法则,不管什么笔墨技法,不管什么内涵意境,只按自己的意图和眼力画。标准就是一个"搭眼"(专业术语就是有视觉冲击力)、耐看,也就是通常所说的赏心悦目。

农民画作者们无形中接承了古人"饥者歌其食,劳者歌其事"的传统。因而他们就画"粮山棉海",画庄稼大丰收,画牛马成群,画劳动生产,希望通过努力奋斗能过上好日子。同时也画淳朴的民风民俗,画喜庆的节日,希望安居乐业,给人以美好生活的憧憬。这些画的题材内容一般文人传统画是没有的,因而才显得可贵,也是农民画得以存在的原因之一。比如:杨志贤的《交公粮》,画面为生产队打麦场上麦包堆垒如山,社员赶着装满麦包的马车出发交公粮;刘志贵的《顺风》,画面为青壮年农民在打麦场扬场的场面,扬好的麦子堆满场地;曹全堂的《谷子熟了》,为农民们收割谷子的宏大场面;等等。再比如:李凤兰的《春锄》,画面为莺歌燕舞的田野中,众多女社员在麦田里除草;李克民的《高原打井》,画面为农民在十数米的井下挖掘,彰显"战天斗地"的决心;樊志华的《打井》,画面为众多社员分层挖掘敞口井的场面;胡瑞侠的《耕耘》,画面为农民在土地上愉快地耕种。

民风民俗的有:潘晓玲的《新婚》,画面为不更世事的小孩在婚房的窗外窥视的场景;仝延奎的《跑驴》,画面为年节农村耍社火,人驴争跑的场面;雒志俭的《得子》,画面为庆贺"得子"而设宴戏谑的场面;阎玉珍的《娶媳妇》,画面为平面展示农村娶媳妇的各种场景;何福平的《祝寿》,画面为农村为老人祝寿的场面。

还有20世纪70年代画理想的画,如刘志德的《老书记》,张林的《业大更勤俭》等。这一时期的农民画,由于有专业画家的指导,构图和造型有的还是比较讲究的,如《老书记》《业大更勤俭》《公社鱼塘》等具备中国画的特点,得到美术界的广泛赞誉。但大多数画面还是不讲透视,无所谓虚实,只讲"扎势"。尤其在色彩上,完全不同于传统的重墨轻彩的中国画,而是大红大绿,是所谓的"色彩对抗"。也有将单一色彩的物象用多种色彩去表现,比如画一只公鸡,用红黄蓝白黑颜色,将鸡画得像凤凰一样美丽,认为这样热烈、搭眼。

1970年代,户县农民画开始步入辉煌期。1972年,有17件户县农民画作品入选代表全国美术作品最高水平的全国美展。1973年10月,国务院文化组在中国美术馆举办了"户县农民画展览",共展出作品179件(305幅),画展随后又在全国八大城市巡回展开,观众达到200多万人次。1974年,人民美术出版社出版了《户县农民画选集》,收入作品40余件,邮电部发行了一组6枚"户县农民画纪念邮票",中央新闻电影制片厂还摄制了《户县农民绘新天》的专题新闻片,在全国放映。1975年,户县农民画先后在日本、法国、美国、英国、挪威、澳大利亚等国举办展览,获得了世界性的声誉。

## 二、农民画的意义

1973年10月15日,《人民日报》发表了一篇署名"新华社记者"的报道《美术原地气象新》,称赞户县农民画具有强烈的"战斗性"和"群众性",它充分证明了广大劳动人民正在成为社会主义文化的主人。在当年,户县农民画是被提升到社会主义文化的高度来加以认识的,它被认为是代表了一种崭新的社会主义文化。这种文化之新不仅体现在它是以工农兵群众为表现对象的,更在于它本身就是由作为历史主体的工农兵群众所创造的。农民自己拿起了画笔来描画自己的生活与理想,这才是户县农民画在当年备受颂赞的主要原因所在。农民第一次用自己的手创造了一个可供自我认同的崭新的农民主体形象,这是户县农民画不容抹杀的历史意义所在。

这些作品对当时农村的劳动生活和日常生活的描绘虽然不无美化之嫌,但也真实地表现了农民对美好幸福的农村劳动生活的想象和渴望。这些作品中的农民形象有着焕然一新的精神面貌,自信、乐观、勤劳、勇敢,洋溢着作为时代主人公的豪迈精神。这样的农民形象在以前的绘画作品中是从未出现过的。在中国传统绘画中,农民从来都不是被表现的对象,在现代绘画作品中,农民的形象虽然时有表现并涌现了像蒋兆和的《流民图》这样的传世之作,但其中的农民总是被同情、怜悯的对象,只是在解放区绘画中特别是在新中国成立以后,农民才逐渐作为历史主体而出现在绘画作品中。户县农民画是农民自己拿起画笔创作的艺术作品,它们既是对农民劳动和战斗生活的描画,也是农民自我形象的写照。

户县农民画最著名的作品《老书记》所塑造的正是这种新的农民主体形象。这位农村基层干部在工地劳动的间歇,抓紧时间阅读恩格斯的经典著作《反杜林论》,他全神贯注于书本,以至于忘了擦燃火柴。劳动与思想是这幅画的两个主题,两者的结合恰好构成了新的农民主体性的本质,它暗示着这样的主体是掌握了思想武器的劳动者,在先进思想的指导下,他有能力通过艰苦不懈的劳动改造整个世界。《老书记》所表达出来的这种对农民自身力量的坚定信念是户县农民画的核心主题,正因于此,这幅画才当之无愧地成为户县农民画中最具代表性的作品。

可是,近年来却不断有人批评这幅画很不真实,其理由是:恩格斯的这本著作有相当的理论深度,在一个机器轰鸣、人声鼎沸的工地上,一个农民能看得进去吗?这种批评貌似有理,却暴露出知识者对农民根深蒂固的歧视心理,以及他们在知识上、智力上自以为是的优越意识。为什么农民就注定没有能力掌握先进的思想武器呢?由于历史的原因,他们或许暂时不能很好地掌握高深的思想和理论武器,但他们对先进思想和知识的渴望难道就必定是不真实的吗?难道只有把农民塑造成只关心自家衣食温饱的小农形象,才算是真实的?这种对农民形象的刻板想象,不也是一种陈腐的意识形态的产物吗?户县农民画所描绘的农民形象,与当时现实生活中的农民存在一定差距,这毋庸讳言,但唯因如此,才更需要借助艺术来创造一个可以让农民去认同的主体形象。

户县农民画一直把"画现实,画理想"作为创作的原则,这些农民画家所描绘的农民形象自然也包含着自我期许的成分,是对一个更具有理想光彩的自我形象的想象和认同。这种对农民自我主体形象的创造和期许无疑是值得肯定的,它所具有的历史合理性和进步意义是不容否定的。

## 三、结语

在户县农民画的发展历史中有不少值得总结的经验,其中尤其值得肯定的一点是它让艺术走进了普通劳动者的生活。艺术不再是少数文化人的专利,也不再笼罩着"天才论"的神秘色彩。长年累月、坚持不懈的美术普及教育,使许多普普通通的农民掌握了绘画的技能,并由此发现了自己的创造潜能,认识到自己是有能力创造文化的,也有能力创造自身乃至整个社会、国家的崭新历史。正是艺术唤醒了他们的主体意识,并帮助他们树立了创造历史的自信心。

在这个意义上来说,户县农民画的意义不仅在于它们描画了农村社会生活的图景,还在于它本身即是崭新的社会主义文化的具体表现。在谈到社会主义文化时葛兰西曾经说过,以往的文化观念把文化看作各种门类的知识,人却只是一个容器,塞满了种种经验以及粗糙的、互不连贯的事实,为了应对周围的世界,他必须在自己的头脑中把这些东西分门别类地整理好,一一归档。在葛兰西看来,这种陈旧的文化观念是有害的。他认为文化应是对人的内在自我的组织和训练,是对人格的掌控,是获得更高的认识,借此我们才能最终认识到自己在历史中的价值和地位,认识到自己在生活中应该起到的作用,以及自己的权利和义务。农民要成为自己的主宰者,从而把自己从种种歧视、偏见以及偶像崇拜中解放出来。户县农民画正是社会主义文化的具体体现。

## 第三节 老人传承乡土文化:书写历史,人人有责[①]

随着乡村空心化的加剧,"386199"部队成为现今乡村的主力,印证着关于乡村种种衰弱的建构,但事实远非如此。现今热心乡村文化事业的老人们,大多完成了对儿女们的成家立业的帮助,通过多年辛劳为自己积攒下了一定的养老费用,并随着近些年来农村医疗保障系统的日趋完善,生活相对安定,这使得他们既有能力又有意愿在乡村公共空间中承担起更为重要的责任,运用自己的知识参与乡村文化建设成为一种必然,在其中既完成着文化的实践和传承,又满足了老人们的社交需求,乡村文化活动带给老人们极大的愉悦性,提升了他们的人生价值和意义。

王 昊

编者按

### 一、作为文化志愿者的老人

2016年4月,一份西安市高陵区文化馆口述史工作志愿者招募启事在网络上流传开来,文化馆希望通过招募一批志愿者,发动他们去抢救和记录那些在传统农耕社会向现代化社会转型过程中正在消逝的传统记忆。招募工

---

[①] 本节为原创文章,作者王昊,西安工业大学文学院副教授,文学博士,宗教史博士后。本节第一部分参考了《西安日报》2017年3月24日第8版"走近西安口述史"系列报道之十二《口述史留住难忘的乡村记忆》。

作启动后,报名最为踊跃的是生于斯长于斯的当地老人,他们踊跃走街串巷搜集这些资料,并做了细致的整理工作,汇集成为人民自己书写历史的宏伟图景。无数的老年人并非无所事事地在自己晚年生活中消磨和打发余生,而是在为这片生养他们的土地的繁荣和前进奉献着自己无私的力量。

老年志愿者在西安市高陵区文化馆接受口述史工作培训,王智提供

参与口述历史搜集整理的绝大部分是当地的老人,虽然从工作岗位上退了下来,但常年工作的积习使他们并不愿消磨度日,毕竟这里的土地、砖瓦和人民构成着他们鲜活生动的生命历程,很多老人纷纷表示其实在内心早想着为自己的家乡做点儿什么,而这个项目提供了他们为家乡尽力的契机和平台。他们经过简单的培训,就拿着录音笔走在了高陵区的大街小巷里,探寻着这片土地的斑斑驳驳。他们用眼睛去观察,用语言去交流,即使访谈的内容并不很熟悉,也能因为这份浓浓的乡情丝丝入扣地打动着他们的内心,时不常地发现访谈对象居然和自己有着如此熟悉的关系,"他和我上过同样的中学和小学,我们初中的班主任还是同一位老师,真巧啊!""我和他说来是远

方亲戚,今天把关系捋了捋,真亲切!"口述史的工作让他们对血缘、地缘关系有了更为深刻的了解,其中粗陋不清的变得明了清晰,闻所未闻的变得亲切可感,断断续续的变得连贯有序,老人们就这样一次次地进行着口述工作,乐此不疲,这本身就完成着他们关于自己生命的厚度积累和形塑。

其中既有生活技能,如补一个锅有时候要慢慢敲砸一千几百锤,也有生命仪式,一个婚事历经说媒提亲、三番五次商量才能定下来,聘礼20世纪80年代讲究"三转一响"(自行车、缝纫机、手表和收音机)、20世纪90年代讲究"四大件"(冰箱、空调、彩电、摩托车)……这些乡村的一门门手艺和一个个民俗,蕴藏着乡村独特的生存智慧和风土人情,充分体现了乡村生活的真实状况。高陵口述史志愿者们走村进户,让这些曾经伴随一代代人的乡村文化和民俗得以保存,留住了那些难得的乡村记忆。目前高陵口述等文化资料整理工作取得阶段性成果。

## 二、作为民俗主体的老人

同样在西安市鄠邑区也活跃着很多老年人的民间自组织,他们风雨无阻地义务为乡村传统文化的传承奉献着力量,比如西安市鄠邑区的二城隍社,作为鄠邑区北乡迎祭城隍民俗项目,由53个村子轮流供奉三位城隍神,每位城隍神在每个村子享祀一年,每年正月十五前后,由下一个村子迎至本村祭祀,而这一迎祭城隍的仪式,俗称"接爷",其中二城隍社共有20村落共同祭祀二城隍神韩诚,为保证轮流迎祭的顺畅自如,三位城隍都成立了城隍社,二城隍社完全由乡村老年人组成,总共四位,最年轻的55岁,其他的都在60岁以上,常年为二城隍轮流迎祭奔忙着。"我们都是这些村子的,这些村子人情往来也熟得很,所以每个村的衔接,都要我们去说呢。"二城隍理事的主要工作就是保证迎祭工作的顺利完成,此外还有城隍神用品的修补和管理,每年的迎祭工作,难免会损坏一些迎祭用品,二城隍社的老人们都要在迎祭结束后对物品进行清点,保证不遗失。一位老人曾说:"每个迎祭村庄都给二城隍社500元,这样我们就有了一个运行的资金,什么坏了我们就补什么。"有一年在其中一个迎祭村庄意外发生了火灾,焚毁了神像和一切的祭祀用品,城隍社的老人们就约在一起逐个村落去募捐重新置办的资金,经过一个礼拜的奔波终于筹到了一万余元,接下来他们在一起开会,反复讨论,最终将资金做了细致合理的分配。"这些钱怎么花是我们商量着来的,要给爷(二城隍神韩诚)重新塑像,还有这么多祭品、衣服啊都要买,都要一起商量着才能把这些钱进行更好的分配,能拿一块钱办两块钱的事情那就最好的了。"

从中看到老人们有很好的合作机制,虽然他们之间有会长、副会长、秘书、会计的分工,而在合作上则实现着平等,共同参与、协商,所以任何二城隍社的事务均由四位老人一起协商解决。由于老年人时间相对充裕,社中事务绝大部分由老人们聚集开会解决。"什么事情我们都在一起开个会,聚在一起能够把事情说得清楚明白,解决得更好,我们趁着也能见个面,还能再一起乐和乐和。"开会既是老人们解决问题的方式,以运行着平等协商的机制,同时又完成了他们的社交和娱乐,是一举数得之事。

同时老人们还很注意文化传承人才的培养,老人们表示年龄还是不饶人,从进入二城隍社就要开始在各个迎祭村庄物色能够传承这项民俗活动的人才。"我们为啥都愿意找老人呢?一来老人经过的事情多,有经验有阅历。再来呢,老人们把儿女的事情操持得差不多了,也能有时间为大家做点事情,要不你还得为家里各种事情忙活,没有这个精力。"并且明确了他们找寻接班人的标准:"城隍社都是没钱的,义务劳动,接班的就是有公心,在村里能有人缘,能服人,愿意给大家办事情,不图那些名利的东西,还有就是身体好点儿,虽然我们是老人,身体好点儿才能给大家办事情。"可以看出该组织内部,既有合理的管理制度和协商制度,又有明确的接替考虑,形成了一个相对完善的运行体制,在其中乡村老人们完成着自我的乡土表达,也为乡土集体记忆的传承维护散发着光与热。

留守是现在乡村一个讨论热烈的话题,现在留在乡村的人群被称为

"386199"部队,即都是妇女、小孩和老人,认为他们不具备或部分不具备改造乡村的能力,属于相对的弱势群体,尤其是老人。但事实并非如人们所想,认为他们年老力衰无所作为。现今伴随着生活条件、卫生条件、医疗水平的提高,六七十岁在农村仍从事乡村劳动的老人比比皆是,他们依旧在生产生活中发挥着积极的作用。

义乌市城西街道何斯路村党支部书记何允辉就曾说:"老人在乡村生活多年,彼此之间相互了解,对乡村习俗也理解深刻。很多老人在村里都是比较有威望的,利用老人的乡土知识以及个人威望来做美丽乡村的建设工作,会达到事半功倍的效果。比如我村的文化礼堂建设,资料的收集整理,以及最后的设计建造,村内很多老人都参与其中。充分调动老年人是一件双赢的事情,乡村可以建设得更好,于老人而言是对自身价值的充分肯定,是老有所为的重要表现。"

从中我们看出,老人促进着一整套乡村文化符号体系的保存和维护,他们大多又有外出打工经历,城市的生活也扩展着他们的生活阅历和经验积累,这使得他们本身就成为现代文明和传统文化的载体,他们对于人生、对于生活都孕育了自我的经验和见识,有能力、有智识在家乡发挥自我的能量,而不是流于弱势,流于庸碌,无所作为。而且上文也指出老人们对这片土地有着深远弥厚的情感,他们深深地爱着这片土地,使得他们愿意为之奉献,以之为乐,以之为愿望,不计较,远名利。这就促使我们要为老人们从事乡村文化建设提供用武之地,也不断去学习和总结他们积淀下来的丰富经验。上文的两个案例,一个来源于官方的支持和发动,另外一个则是乡土传统文化传承过程中自然发展的民俗自组织,无论是外在推动的还是自发的,老人们都在其中奉献着他们的能量和热忱,可见留守老人并非乡村的边缘,而可以成为乡村建设的另一种主力。

清华大学特聘教授赵月枝讲过这样一个故事,有一年她去给老姑父拜年,70多岁的他正和老伙伴们一起,排了个班,两个老人一夜,在祠堂里弄了一张简单的床,轮流在祠堂里睡觉,守护牛腿不再被偷。守夜的活动是自发的、义务的。这些年,文化市场对老祠堂里的物件很有兴趣,江南几乎每个祠堂都被偷过。老人排班守护传统的故事让人感动,更不要说老人替年轻人看孩子了。因此要看到和尊重他们的人格,尊重他们的正能量和价值感。赵月枝说:"在过去二三十年间,城镇化进程飞快,正是这些老人、妇女和孩子把农村社区维护下来,这个功劳是非常伟大的。问题在于,我们没有人承认他们伟大,我们只承认他们可怜。我们现在说赋权,但赋权的前提是尊重他们的历史性贡献,不能要求他们完全按照我们的游戏规则去改变自我,我们如何能够保证我们就是对的?相反,我们,包括政府、知识分子和商业资本,应该去考虑如何与他们对接。"

## 三、结语

老人们的可贵行动充分地表明了老人在乡村建设中的作用和意义,他们拥有着丰厚的乡土生活经历,这些为他们的乡土文化建设积蓄了丰厚的能量,在乡土田野中时常既能够遇到能诗善赋、讲经说史头头是道的老人,又能够遇到忙前忙后、热心公益的老人,不得不让人感叹老骥伏枥,志在千里!这充分说明老并不是无所为、无所用,而是老而弥厚、老而弥坚。我们需要重新认识这些老人们的可贵之处,发动他们加入到建设乡村的行列中去,给予他们发光发热的新舞台,让乡村老年人的生命再次绽放出灿烂的光芒。

## 第四节　另一种新生：乡村锣鼓队中的女性[①]

虽然乡村女性参与文艺活动基本上属于公益性劳动,但显示出极为高涨的参与热情,乡村庙会、乡民结婚、庆寿等吉庆场面,多有乡村妇女的加盟,热闹欢庆是她们集体的心理诉求,这使得她们能够不计较得失地投入任何一场集体欢愉中来。同时,文艺活动有效缓解了乡村女性的生存压力,不管白天的工作如何单调和辛劳,晚上一曲歌舞就能让疲劳消失殆尽,这使得乡村妇女也乐于参加这种集体性的文娱活动。在文艺组织的发展、壮大的过程中,乡村妇女之间的关系和组织建构也逐渐搭建起来。很多妇女在文艺组织中孕育出亲密的关系,这深刻影响着她们的社交。文艺组织内部还因长期的活动,其组织规则、领导人物也在自然而然中孕育和建构,并且随着组织的发展也在进行着不断的完善和调整,规避了物质利益的侵扰。乡村女性在文艺活动中显露出更多人性中的真纯和美好,净化和葆有着文艺组织的生态环境,这有助于推动基层民主建设,提升乡村妇女参与基层政权的组织建设的能力。

王　昊<br>编者按

随着农村青壮年男性劳动力的外流,女性成为农村日常生活的主力,不仅要照顾老人、小孩,还要进行农业生产劳动。她们娱乐的诉求同样需要表达,基于传统民俗的锣鼓成为一种选择。慢慢地,农村妇女挑起了乡村锣鼓队的大梁。其间,既有集体主义的狂欢,又有女性个体力量的释放,还有世道人心的表达。

---

[①] 本节为原创文章,作者王昊,西安工业大学文学院副教授,文学博士,宗教史博士后。

## 一、乡村女性成为锣鼓表演的主力

西安市鄠邑区是著名的鼓舞之乡,锣鼓是节庆民俗的重头戏,但早前敲锣鼓的任务均由男性来承担,主要考虑锣鼓体积相对庞大且重量大,即使是小鼓重量也在15斤上下,负重时间较长,女性体力上达不到,从而影响表演的激荡性,所以女子以敲铙为主,并不参与敲鼓。但农村目前面临着人口空心化的问题,青壮年劳力大量涌入城市,这造成了节庆民俗活动参与人群的流失,尤其是男性青壮年,而一些女性青壮年为了抚育下一代和照顾日益年迈的老人留守在村庄,从而成了锣鼓队的首要人选,男性青壮年反倒成了敲铙的人选。很多村庄的女子锣鼓队就是在这样的背景下产生的,女子锣鼓舞成为春节民俗表演的主要节目。为了能够在春节表演中取得好成绩,锣鼓队的训练一般在腊月就开始了,通常要训练30至40天的时间。

参与锣鼓队的妇女大多白天都有工作,以S村春节女子锣鼓队为例,通过问卷发现仅有近20%妇女因为抚育和赡养的原因做全职家庭主妇,而80%多的妇女都从事着各种各样的工作,年龄跨度较大,从23到58岁不等。虽然大多数妇女白天都要工作,但是相约晚上7点开始排练,很少有妇女迟到。笔者就为什么白天工作都挺辛苦的,还要夜晚公益参与锣鼓队训练这一问题进行广泛的访谈,有位妇女的话很有代表性:"白天虽然累是累,敲鼓也辛苦,但是敲鼓这累和上班不一样,敲鼓这辛苦能把白天的辛苦都带走,心里面敲着敲着就高兴得很。"其中关于敲鼓的个体感受,"高兴""舒心"是妇女们使用的高频词。女子锣鼓队的组织人员都表示,只要天气不是很恶劣,就一定傍晚相约训练,参与的妇女们都能够自觉自愿地参与排练,完全不顾一天的劳累辛苦,而且最初报名锣鼓队的乡村妇女挺多,一般要进行甄选,通常训练一段时间后,根据大家的表现情况甄选出表现较好的妇女。锣鼓训练不仅仅是熟练鼓点,还需要动作的相互配合与整齐划一,只有动作和鼓点完全协调,锣鼓队的表演才能够有气势、有威严,所以锣鼓表演是身体充分协调的过程,每位队员都必须付出艰辛的努力，方才能够在整体演出中绽放神采。

训练密集的时间通常在腊月，此时关中的天气已经非常寒冷，尤其是夜晚，气温通常逼近零度，而就是在这样的严寒下，临近训练时间队员们三三两两开始往广场上聚集，熟人的社会让她们一进入村广场就一下子热络地攀谈起来，老人、娃娃、工作，各有各的心事，她们彼此热闹着，互相开着玩笑，让整个冬日的村广场一下子有了热气腾腾的感觉。锣鼓队负责训练的几个负责人也早早到了，在几个谈话的小圈子之间穿梭着，招呼着大家。训练的时间一到，负责人拿起扩音器集合妇女队伍，随着她的口号，很快队伍就整饬完毕，毕竟参与的妇女各有各的家事，所以每次集合训练未必都能到齐，但锣鼓队的负责人也说："虽然每次都不齐，但不来的也都提前打招呼，我们鼓励大家来，但是也考虑各家都有各家的事情，不能来也都体谅，但我们也强调，不能落下太多，毕竟这个训练每一次都要有进步，这样到表演的时候，我们才能更好。"通过问卷，我们对已经进行了二十余天的训练情况做了调研，发现52%的妇女全勤，48%的妇女请过假，请假次数最多的为5次，占参与妇女人数的8%，请假在3次及以内的占到参与妇女人数的36%，请假原因多集中于工作加班和家中老幼生病，在问卷调查过程中，妇女们表示，大家都很愿意参与敲鼓，只是工作繁忙和家里有事，才无法兼顾敲鼓。

整饬完毕的妇女们依次排队，从村委会的仓库中把新购置的适合女性背负的小鼓拿出来，纷纷背上，有些妇女还脱掉了笨重的外套，露出精干的打扮，让人一下子顿警精神。此时旗语的指挥也到位了，随着一声哨响，鼓声立刻雷动起来，渐渐地，随着鼓点的昂奋，每个妇女的表情跟随音乐而激动起伏，她们的眼睛在冬夜的暗黑里面灼灼放光，督导的负责人则在队伍里面来回穿插，指导纠正，每一位鼓手都竭力配合着，鼓槌一起一落之间，眼神跟上，动作开张有力，随着鼓手们越来越激动，这冬日寒煞在锣鼓声中爆发出春日的生机。一遍又一遍，就这样时间很快到了九点半，两个小时的训练时间结束了。虽然只是小鼓，但笔者将其背起，让鼓手们教着打了一会儿，顿觉臂膀压抑得很,特别还要配合上脚步和眼神,对于女性来说这绝对不是一件轻松的事情。笔者多次观摩女子锣鼓队的训练,每一次都被女鼓手们奋进昂扬的精神所深深震动和感动。

## 二、乡村女性外向性承担日渐扩大

乡村妇女在区域集体活动中所表达出来的承担精神,将其热情饱满的个性特征进行了一次淋漓尽致的主体性表达,这一表达并没有任何的预设性和预期性,完全以一种当下情景化的方式展现出来,女子锣鼓队正以生动的姿态瓦解民俗活动正式表演和平日训练之间的界限,她们所在乎和倾情的是每一次鼓槌雷动起来的振奋,这使得春节鼓舞表演和她们互相成就与建构,因而具有了相生相长的特征。

当乡村男外女内的家庭格局被打破,女性外向性承担日渐扩大,使得她们可能具有的个性化表达空间日趋收紧,面对繁重的家务和体力型工作的消耗,在身体极为乏累的傍晚凭借着一种自发和自觉的力量使四十几位妇女聚合在村广场上,这昭示着一种对个体认可和发掘的积极与主动,一种强烈的表达的欲望使得整个冬日的排练充满着生发的力量,她们并不仅仅是奉献了自己的时间和精力,甚至也不仅仅是显示了个体的兴趣爱好,而是努力地开掘自身能够展现出来的生命厚度和深度。这使得这一次的参与其内指意义大大超越了外指意义。她们在努力敲鼓的过程中,完成着她们个体对自身文化的选择、建构和表达,这一过程又完全植根于她们各自对生命的深深地热恋过程中,虽然没有任何报酬,还要献出自己那么多原本可以休息的时间,但是这些妇女却如此欣然、如此奋进。曾经一位妇女就这样给我说:人啊,总要耍那么一次,痛痛快快的,哪里要管那么多啊,耍起来,就好。她们选择锣鼓,可见乡村传统文化和她们血肉相连的文化浸润,虽然这是北方乡村一种非常传统的民俗活动方式,但锣鼓满载着农村女性的文化主体性表达,代表着她们在追求男女平等、张扬自身文化创造上的无尽动力。

### 三、结语

乡村女性对于文艺活动的巨大热情,激发着人们探索乡村女性成长和解放的可能性。妇女们乐在其中,充分享受着超功利性的自我审美和群体审美,代表着不断撑开自我的经验局限和认知局限,呈现出对于舒张开合生命的强烈追求,很多妇女在春节锣鼓表演后都表示,这个冬天因为练习了这次锣鼓而觉得很不一样,年节也更加有气氛。"我在路上敲鼓的时候,看的人里三层外三层的,我心里特别高兴,敲得就起劲,你说累不累,咋不累呢,但是感觉不到,就是觉得非常高兴,非常自豪。回来后好多认识我的都给我发信息呢,说路上看到我,说我敲得特别好,心里可美呢。"正是这种对于愉悦生命的热烈追求,让近些年来乡村妇女的各类文艺组织次第绽开,展现出乡村妇女对于生命中力与美的向往,这为我们思考乡村女性问题提供了更多更具弹性的思考。

## 第五节 仿佛若有光:在城乡之间发现一个主体[①]

黄灯老师《一个农村儿媳眼中的乡村图景》为什么可以引爆互联网?是谁贡献了点击量?我们在网易新闻的评论跟帖中抓取数据进行分析,发现城一代与农民工是该文在互联网上的传播主体。他们的情感多以无力感和隔膜感为主,但城一代具有微弱的积极感和责任感。城一代和农民工这一传播主体的发现,以及他们在互联网上联合的尝试,可以打通日益板结的城乡结构,对改善中国城乡关系有着重要意义。这也启发我们思考,这种联合的可能性是否会延展到线下呢?

罗茜、沙垚

编者按

---

[①] 本节改编自罗茜、沙垚:《在城乡之间发现传播主体——以黄灯〈一个农村儿媳眼中的乡村图景〉为例》,《当代传播》2018年第1期。

2015年12月5日,在重庆大学举办的"热风"论坛会议现场,黄灯做了一个演讲,题为《回馈乡村,何以可能?——以我的哥哥嫂子为例》,文章随后在2016年第1期《十月》杂志发表,原题为《回馈乡村,何以可能?》,2016年1月27日,微信公众号"当代文化研究网"("热风"论坛的主办方之一)将其题目改成更适合社交媒体传播的《一个农村儿媳眼中的乡村图景》(以下简称《乡村图景》)并推出。文章始料未及地在短时间内"刷爆"朋友圈,斩获10万+阅读量,以及超过2万的点赞数。网易新闻、凤凰新闻、澎湃新闻等新闻网站进行了转载,得到网友的广泛关注和讨论,人民日报微信公众号于2016年2月1日转载,亦获得10万+阅读量。该文成为2016年春节前后最重要的舆论热点之一。

2016年春,沙垚与黄灯进行了一次对谈,其中有一段对话如下:

沙:这篇文章在各大媒体上的点击量加总起来,可能超过1000万。这么多的点击量,你认为是谁在点?

黄:我印象中底层人,或者有过底层经验的人点得多一些。我留意过网易新闻的跟贴,有2万多条,春节放假时间比较多,我曾快速浏览过,大部分意见都不是网上开撕的那种,大家都好像在借我这个帖子吐槽,倾吐内心的苦水,很多人无奈又无力。

沙:对,我也发现了这一点。底层群体的点击或许可以认为是他们在利用新媒体为自己赋权,通过贡献点击量,把这篇文章"抬上去",让这篇文章火起来,借此引发社会的关注与反思,进而借全社会之力来探索解决底层现实困境的途径。

## 一、从写作者到传播者

关于"返乡写作",潘家恩在《城乡困境的症候与反思——以近年来的"返乡书写"为例》一文中认为,"返乡写作"是在城市里的"农二代"利用假期等契机返回自己的家乡,以"非虚构"的形式(散文、笔记、日记等)对乡村现状进行观察思考,并通过各类传媒手段而引起一定关注的写作实践,更是一种包括乡村建设实践者和草根民众等各种书写在内的实践。黄灯在《一个返乡书写者的自我追问》中说,知识分子是"返乡写作"的写作主体,而且这隐含了知识分子如何介入现实,个体经验如何和真实问题对接,写作者如何重建与现实的关联等命题。杨胜刚在《黄灯"返乡书写"的精神历程》一文中认为,她不仅是一个知识分子,曾经还有过农村儿媳、工厂女工、下岗工人、农二代等身份,这些身份使文章更真实,更有亲近感,让更多人可以从中找到自己或现实的影子,进而引起共鸣。

但是,前有2015年春节王磊光的《一位博士生的返乡笔记:近年情更怯,春节回家看什么》,后有假新闻"江西年夜饭事件""东北约炮事件"的口水大战——"返乡写作"已俨然成为中国春节的"流量担当",轻而易举便可搅动社会敏感的神经。因此,可以说"返乡写作"已经成为一年一度的新媒体事件。那么,我们更应该将目光移至其传播过程中的受众,以及他们在新媒体上所进行的内容再生产。

有一些观察认为,"返乡写作"的传播者主要是城市"小资","返乡写作"满足了他们对农村衰败的想象,同时又能印证其对生活的焦虑(参见第四期"十月青年论坛"的相关讨论)。那么,真实情况是这样的吗?我们将用实证数据去发现"返乡写作"真正的主要传播群体,探索这一传播的内在需求和情感纠结的"当代文化研究网"平常的阅读量一般为百位数,可见黄灯文章的阅读量主要来自朋友圈的转发和讨论,而非公众号本身的粉丝贡献。由于朋友圈的私密性特征,无法得知哪些人在贡献阅读量和转发量,只能采取侧面推论的方法去研究传播主体,即认为具有评论行为的个体,对该内容具有更高的传播意愿,也就具有更大的传播行为可能性。由于公众号"当代文化研究网"中黄灯原文没有设置评论,综合考虑评论数量、质量及影响力之后,我们选取2016年1月29日(仅仅2天之后)网易新闻的评论跟帖作为分析对象,采用内容分析对跟帖主体及跟帖内容进行研究。《乡村图景》在网易新闻中共有2316条跟帖,其中主帖1269条、回帖1047条。我们采用网络爬虫工具GooSeeker采集所有主帖及回帖的评论文本、IP地址等数据,对采集到的数据进行清理,去除重复、无意义及广告跟帖,共得到有效跟帖1245条。

## 二、研究发现

根据跟帖的内容,我们建立了如下的分析目录:

### (一)城乡身份

根据城乡出身、当下城乡位置,将城乡身份分成四类:农村留守人员、农民工、城一代、城市人。城乡出身是指人物出生时的户籍状态;当下城乡身份是指人物当下的户籍状态。

根据跟帖文本中提供的信息,对跟帖主体的城乡身份进行判断,包括以下四类:(1)农村留守人员。农村出身,当下城乡身份及所处城乡位置依旧为农村的,为农村留守人员。(2)农民工。农村出身,当下户籍仍为农村,但是在城市从事非农业生产劳动的,为农民工。(3)城一代。农村出身,当下在城市工作和生活,拥有城市户籍,且在城市有稳定的工作或收入来源的,为城一代。城一代是本文新提出的一种城乡身份,其不仅同时具备农村和城市生活经历,是沟通城乡的纽带,而且一般接受过高等教育,拥有较高的文化知识水平,具备一定的表达意愿和表达能力,是一个正在产生身份自觉和主体意识的群体。(4)城市人。出身、身份和位置都为城市的,为城市人。

研究结果显示,在可识别城乡身份的跟帖主体中,城一代和农民工占据了大部分,其比例达到77.96%,由此可以谨慎推论:城一代及农民工对其城乡身份有着较强的敏感性和自觉性,黄灯的文章激发了他们的身份认同感及主体意识,使得他们成为黄灯文章的主要传播主体。

### (二)乡土经历

乡土经历指,黄灯文章激发了跟帖主体哪些与乡土有关的经历？包括自身经历与亲缘经历,农村经历及农村人在城市的经历。

研究结果显示,跟帖主体提到其自身的乡土经历的有312条,既包括农村经历,例如"大家都在想着逃离,乡土情结只存在老人,因为大多数农村是环境不好的,医疗条件差的,没有工作机会的……",也包括农村人在城市的经历,例如"在灯红酒绿的城市里,想要真正融入进去是有多么的难。即便拿着高级白领的年薪,可内心深处仍然觉得我不属于这里"。

提到其亲缘的乡土经历的有29条。主要包括跟帖主体的配偶的乡土经历及其对跟帖主体的生活造成的影响,如:"老公和作者一样,老家在湖南农村,还老念叨着退休后回去,念叨着要重建家里的房子。丈夫老家乡邻的房子,要不就是破旧得一看就是经年没人住,要不就是色彩艳俗的三层楼甚至四层楼。"以及跟帖主体的父辈或祖辈的乡土经历以及通过个人奋斗逃离农村的经历,如:"我爸爸也是凤凰男,读书出来了,日子总算好过了点,我爸爸的几个弟弟的孩子就投靠我爸……我爸钱赚得少的时候他们就宣扬读书无用论,我爸钱赚得多了,他们就来沾光。"

其中经常被提及的乡土经历是城市打工/包工经历,例如:"小时候没有努力读书,早早地就出来打工,父母一直想我在外面城市里好好安家,但是看看房价和生活水平,再看看自己那点微薄的工资,有苦说不出,想回农村又怕辜负父母对自己的期望！"不少跟帖中提到"回不去的农村,留不下的城市",反映了农民工在农村有家无工作,在城市有工作却无法安家的矛盾状态。

农村的价值观念与封建陋习也是被经常提及的一项内容,包括被现代社会风气浸淫的消费主义、攀比之风,"婚丧嫁娶,盲目攀比,甚至不考虑实际经济情况",以及重男轻女、高价彩礼、封建迷信、重视面子、读书无用论等封建陋习,如"我出生在重男轻女的家庭,从小忍受各种家暴和不公平,我不喜欢拜祖,反对传宗接代、开枝散叶、光宗耀祖、重男轻女的观念"等。

与亲缘有关的乡土经历中,抱怨亲缘拖累的数量要远远大于积极的亲缘互助,前者有30条,而后者只有4条,前者如"帮来帮去只是打均贫卡,永远富不了,子子辈辈都会深陷这个怪圈""帮弟弟娶媳妇的责任扛在了肩上,就是有钱一起花,有债一起还,我理解不了",后者如"房子盖到一层就没钱了,都是靠上过大学的阿姨资助才盖好"。

在留守经历的叙述中,大多是曾经的留守儿童回忆留守经历,以及留守经历给自己的性格和命运带来的负面影响,例如:"我12岁的时候,爸爸妈妈都出去打工,我跟着爷爷奶奶生活,成了留守儿童,那时候并不觉得有什么,直到现在,我才知道留守给儿童造成的影响是多么可怕。""我也是农村长大的留守儿童,我真的太理解恐惧、无奈、痛恨的意思了! 现在的我可以说是极度缺乏安全感,暴躁易怒,胆小怕事!"

除此以外,跟帖中提及较多的经历还有:知识改变命运(20条),跟帖主体多回忆自己或父辈通过读书走出农村,在城市站稳脚跟的经历;农村的社会保障问题(18条),包括养老问题、医疗问题等;贫穷的代际传递(14条);农村空心化(11条),多提及农村的凋零与荒凉,无产业、无工作的状况;农村出身对性格、生活习惯的影响等(10条)。

### (三)情感共鸣

黄灯的文章唤起了不少跟帖主体的情感共鸣,其中最明显的是无力感,跟帖主体表现出对自我命运及农村命运前途的无奈与迷惘,例如,"我是一个在这样困境中挣扎、努力挣扎、痛苦挣扎的人! 想停下来,又不安于现状,想有所成就却又无能为力!'留守儿童,留守老人'这两个词压得我喘不过气来!无可奈何!""他们是一群吃苦耐劳的农民,可生活依然困难,深为他们的生活无奈"等。

此外是隔膜感,既包括对城市的隔膜感,"在城市里五年,没有归属感",

也包括因为长期在外打拼,与老家的人和事产生的隔膜感,例如"我也是农村的,其实最大的问题是每次回去和家人亲戚都没有什么可以讲的……出去玩就是一起喝酒,他们聊的感觉完全插不上嘴,只能尴尬地坐在那里笑。不是不想回去,真的是回不去了"。

认同感是指跟帖主体对其农村出身的身份的认同,不少跟帖提到自己"从农村出来的""作为一个农村人",除了对身份的认同,还有对相同身份群体的相似经历的认同,例如"文章的情节让我想起从前的很多往事,我像书中的那个丈夫,但是现实中我是女人"。

跟帖中也不时流露出责任感与怀旧感,或表达自己所肩负的改变家庭命运的责任感,或表达对旧时乡土人和事的怀念。

跟帖主体产生的情感共鸣是否与跟帖主体的城乡身份有关?为此,我们进行了卡方检验,结果显示,不同城乡身份的跟帖主体之间,其情感共鸣存在显著差异。对农村留守人员来说,无力感是最突出的情感;对农民工来说,隔膜感是表达最多的情感,无力感次之;对城一代来说,无力感和隔膜感也是最为明显的情感,除此之外,值得注意的是,城一代表现出突出的责任感,既包括改变自我和家庭命运的责任感,也包括改变农村命运的使命感。

### (四)出路追寻

跟帖中对自我及农村出路的追寻,提及最多的是个人奋斗,包括通过读书改变命运。在城市创业或打工改变命运以及农村就地就业或创业,如"很小的时候,父亲外出打工,挣钱时有时无,母亲租用了别人的土地喂猪照顾孩子。在20世纪90年代,他们就极有先见之明地开始进城做小买卖……他们通过近20年的艰难奋斗,终于在城里买房定居"。跟帖回忆了自己父母在乡村艰苦的奋斗经历和迎难而上的离乡创业经历。除了个人奋斗以外,一部分跟帖认为,只有通过国家政策来扶植农村、农业,帮助农民,才可能改变农民和农村的命运。也有少部分跟帖提到通过亲缘互助来改变命运,如"从农村出来的凤凰女,通过我的努力改变了一大家人的命运,几姊妹都在城市立足。对文中所描述的感同身受"。

跟帖主体对出路的追寻是否与跟帖主体的城乡身份有关？我们再次进行了卡方检验,结果显示,不同城乡身份的跟帖主体对出路的追寻存在显著差异。其中最为显著的差异是:城一代多认为获得出路、改变命运的有效方式是个人奋斗,这与他们已经成功改变城乡身份,在城市站稳脚跟的奋斗经历有关;但是相比之下,农民工群体则更多地提到国家政策,因为他们在城市中的打工经历使得他们对城乡不平等有着更深切的感受和体悟,因此更多地诉诸国家政策来改变农民和农村的命运。

## 三、结语

至此,我们可以得出结论,城一代与农民工是《乡村图景》的传播主体。他们具有三点共同的特征:(1)都有过乡村经历,(2)对乡村有着较多的情感,(3)在城乡之间流动。虽然主要是无力感和隔膜感,但在城一代身上,我们也能看到微弱的积极感和责任感。至于乡村的出路,个人奋斗占有绝对的比重,但农民工依然保持着对国家政策的期待。

这一结论的主要意义在于发现了一个占有绝对比重的传播主体。此前,杨胜刚在《"返乡体"底层视角下的农村叙述》一文中曾提出"返乡写作"的叙述主体"基本是农村出身、通过教育改变命运、具有一定话语权和表述能力的知识分子",但我们的研究发现传播主体已经从叙述主体延展到互联网,既涵盖了大部分的叙述主体,还包括其他城一代与农民工。

虽然在数据中,传播主体并没有提出直接的解决乡村问题的方案,但是从这个主体的发现,以及他们的表达——在互联网上讲述自身的故事,分享自己的情感,我们看到了一个群体正在形成的媒介自觉。换言之,《乡村图景》的传播与爆红可以视作城一代和农民工联合起来通过网络和移动新媒体为自己赋权,引发全社会的反思的一次媒介事件。

其意义何在?

首先,此前媒体上关于乡村的书写,大多是知识分子以"客观、中立"的名义,将"三农"问题视作研究对象的叙事。此次《乡村图景》的传播将这种知识精英的传播模式转变为包含着叙述者和传播者共同的困境、尴尬、伤痛的共同寻找应对策略的新媒体行动,是有一个数量庞大的社会群体广泛参与的媒介生产活动。

其次,《乡村图景》的新媒体传播延续了延安以来的知识分子与工农群众"建立一种共同的命运感"(参见黄灯《一个返乡书写者的自我追问》一文)的传统与实践,"折射了知识分子介入和表达现实的可能"(参见杨胜刚《"返乡体"底层视角下的农村叙述》一文)。虽然在现实中,这种"介入"与"联结"是困难的,甚至城一代日常出现的咖啡馆等公共场所农民工都很少进入,但是本研究却证明了在互联网与新媒体的传播中,城一代和农民工的联合具有可能性。

最后,我们畅想:城一代与农民工是一个数量庞大的传播主体,共同的经历与情感,为他们提供了对话的基础。或如吴飞在《何处是家园?——传播研究的逻辑追问》一文中所说"传播研究应该直面的是人类因沟通不善而导致的苦难",传播即联结。城一代和农民工是否可以在城乡之间架起一座沟通的桥梁以文化交流传播的方式在城乡二元社会结构上打开一个缺口?是否可以让他们产生更为深刻与广泛的反思,甚至行动,激活潜藏在他们日常生活、价值观念与情感结构中的实践性能量,并引导成为乡村建设的动力?对此,只能留待以后的观察。

## 思考问题

1. 什么是乡民的主体性?
2. 如何激发乡村不同群体的文化主体性?
3. 乡民的主体性具有何种社会功能?

## 延展阅读

1. 罗岗:《人民至上——从"人民当家作主"到"社会共同富裕"》,上海人民出版社,2012年。
2. 黄灯:《大地上的亲人——一个农村儿媳眼中的乡村图景》,台海出版社,2017年。
3. 沙垚:《再谈农村俱乐部:农民的文化主体性与农村文艺的组织化》,《文艺理论与批评》2019年第4期。

# 第二章

## 内生性原则——释放农民生活世界的正能量

## 引言

沙垚

一直以来,送图书下乡、送电影下乡是基本的文化惠农政策,但现实中常常被人们诟病"免费的都没人看"。《人民日报》曾报道某县机关给村图书室捐了近千本图书,可村民们对大多数书不感兴趣,没人借阅,村里只好把它们挪到仓库,积满灰尘。搜狐新闻曾报道的湖北某县电影下乡"没人看也得放",一部甄子丹的警匪片,只有七个观众,开场五分钟之后,只剩下两个人还在坚持。这不是个案。为什么一个个有着美好初衷的惠民的公共文化服务工程,在实践中农民"不买账",甚至是走向了初衷的对立面?

一般的反思停留在就事论事的层面。比如对电影下乡的反思有:夏天有蚊虫、天气热,冬天冷;农村人口外流,农村只剩下老人小孩;电影内容缺乏吸引力,多为革命题材或科教题材等。图书下乡,不少是"过期的农业技术资料、艰涩的理论读物",家电下乡存在"低劣的家用电器",有人称这样的"送下乡",是城里人的"库存转移"甚至"废品转移"。因此,如果把"送下乡"仅仅当作任务来完成,只管"送"下去,而不考虑农村实际需要,难免出现这种尴尬。表面上送温暖来了,实际上群众得不到什么实惠,反而会更失落。

事实上，根本原因在于忽略了农村的内生性。一方面，乡村常常被视为文化的"他者"，被认为是一种原生态的、田园牧歌的、城市后花园的想象般的存在；另一方面，乡村常常被视为"被拯救"和"被教化"的对象，其文化的愚昧和落后，亟须现代人、城市人去拯救，使其走向先进。在这样的双重语境下，乡村是一个被定义的、被消费的对象，乡民没有文化自觉。

基于此，本书提出乡村文化振兴的内生性视角，这是一种从文化主体的实践、文化与社会的互动以及文化传统内部生长出来的文化属性。唯有遵循乡村文化的内生性原则，才有可能迎来乡村文化的真正振兴。

首先，我们回顾历史，探索当年社会主义文艺是如何进入乡村的——它绝不是以颐指气使、高高在上的方式，相反，那个年代虽然文化高度政治化，但社会主义文艺却与农村内部的结构、传统有机镶嵌，并最终统一于实践。随后，进入当下，我们选择了四个个案：一是西安市鄠邑区文化馆刘珂老师向我们介绍的"耍歪官"民俗；二是西安工业大学副教授王昊介绍的村庙传统；三是芬芳文化研究院研究员尹春涛介绍的黑龙潭庙会活动；四是一位长期关注关中民俗的民间摄影师张韬先生介绍的"面花"民俗。结合文化内生性的原则，对这四个个案稍加阐释。

文化主体的实践。

本章中，我们将会看到的耍歪官是一项由农民主导的、已经持续数百年的民俗活动，表演者和观众都是农民，活动集中在正月。在关中地区流行的面花，不仅是村民生活世界的美食，更是村民对人情和礼的物化表达。村庙是村民建立关系、维系道德、建构认同和净化生命的方式，是村民的一种系统性的表达方式。黑龙潭庙会同样是由村民主导，并创造性地将庙会作为公共事业，与当代社会结构相勾连，从而为村民赋权。所以，这里我们讲的内生性，必须是由文化主体所主导，并与日常生活发生关系的一种文化属性。

文化与社会的互动。

文化如果仅仅作为一种漂浮于社会结构表面的形式，就像敲锣打鼓、吹拉弹唱,招揽游客,将原来生命中、社区里很重要的东西,拿出来消费、展示和表演,脱离日常生活的意义,那么这样的文化是无法与社会互动的。

无社会不治理。任何一种社会存在都一定会匹配相应的治理形式。中国自古以来就以永乐治天下。文化是重要的治理形式,文化与社会的互动过程即治理。2021年中共中央、国务院发布《关于加强基层治理体系和治理能力现代化建设的意见》,将"群众广泛参与""社会调节""基层群众自治充满活力"作为基层治理的手段或目标。而在此过程中,文化是群众参与、社会活力的重要实现方式,具有广泛的社会动员和调节能力。

本章中,耍歪官承担着重要的乡村舆论监督和社会治理功能,比如谁家做了有失公道的事,在耍歪官的第二个回合,家门上会被贴讽刺性的对联;在第三个回合,会被"歪官"当众批评,勒令改正。黑龙潭庙会主动成立社会企业和公益基金会,承担老人医保、孩子上学等公共事务,与社会发生深度而良好的互动。面花馍的情况则不太好,当下主要是作为面食的工艺进行展示,不再作为食物,也很少承担乡村礼仪功能和人际关系维系功能了,导致它已经日益成为一个展演性的文化符号,不符合内生性的要求,应当引起我们的注意。

农村文化传统。

从时间上讲,当代的文化实践如何对接传统,亦是文化内生性的一个重要方面。每一种文化的今天,都不是凭空生成的,都一定有着其内在的时间序列上的规律。相反,如果不考虑文化传统,按照外部人的设计和想象来要求乡村,开展乡村文化活动,一定会陷入"水土不服"的困境。导致乡村的文化需求无人满足,送下来的文化服务无人响应。

本章中,耍歪官、村庙、黑龙潭庙会、面花都是农村文化传统的表现形式,都有着数百年的传承,如何继承这些传统,实现传统与当代的融合,两者一道应对正在发生的社会危机,是农村文化传统的正确打开方式。尤其值得一提的是,在未曾远去的20世纪,中国确立了社会主义制度,从革命到经济社会建设,进行了广泛而有益的探索,在这个过程中,社会主义的传统已经与农村的历史文化传统裹挟在一起,难分你我,或者说,社会主义已经融入农村文化传统之中,成为其文化来源之元素,并一起建构了当代农村文化的内生性。

回到"送文化下乡",从内生性的视角出发,至少有必要对其中的两个字进行反思,即"送"与"下"。"送"本身包含着施动者的优越性,农民处于被动与被施舍的地位;"下"则具有一种自上而下的、城市中心主义的视角。因此,告别"送文化下乡",从农民的生活世界(或者说农民的生产生活与文化实践)中,从文化与社会的互动中,从文化传统中,提炼出农村文化的内生性,这种实践论的态度号召我们重新回到农民的历史传统与生活世界,进而发现,农民并不是没有探索自己文化的前途,而是我们没有倾听。我们把他们当作"亟待拯救"的对象,他们"细腻的实践"被淹没了,以至于我们认为他们没有实践。

我们在调研中发现,广大农村地区其实有着热闹的群众文化活动,比如耍歪官、村庙、黑龙潭庙会与面花等,其中蕴藏着"内生性能量"。如何将"送文化下乡"的思维方式转变为发现、参与和辅导群众文化活动,是当前农村文化工作的方向。将农村文化活动的主导权还给农民,是社会主义的文化自信,也是人民史观的具体表现。这恰恰也是文化主管部门、文化产业和知识分子"有机化"的过程。可从如下两个方面展开。

第一,发现潜在的群众文化活动,并解决人们在传播与实践过程中遇到的实际困难。除了常见的皮影、老腔、社火、庙会等传统民俗活动,以及广场舞、农民春晚等大众文艺活动,农村其他丰富的群众文化活动资源尚有待发现,不仅在活动形态上,更在意识形态与世道人心上。

比如近年来春节期间,在西安市鄠邑区的迎城隍活动中,有村民困惑地表达,不知道为什么迎城隍,只知道几百年来,祖祖辈辈都在迎。西安市鄠邑区的城隍是纪信,曾舍身救刘邦。因此,迎城隍是为了推崇"忠"这一价值观念。但如今,中国是社会主义国家,封建时代的"忠"显然已经不能总摄村民的精神世界与日常生活。如何借助历史悠久且声势浩大、深入民心的传统民俗活动之"瓶",注入"社会主义核心价值观"之酒,是新时代文化工作面临的巨大挑战。

第二,引导群众文化活动与社会结构有机镶嵌,自觉探索解决基层文化危机的方式。自1980年代以来,随着生产方式的变更,农民的文化活动日趋原子化,在现代社会越来越多地显示出无力感,也呈现出种种危机,一些地区,西方宗教在农村扩大传播,拉拢教徒,逐步将基层文化礼堂边缘化;同时,一些含有淫秽、封建思想的表演在农村地区传播,污染了农民的精神世界。但同时,我们也发现耍歪官、黑龙潭庙会等民俗活动在乡村社会发生了重要的功能,从舆论监督到社区治理,再到共同体建设等,传播着正能量。对这些群众文化活动加以引导,使之与社会结构互动,是当前社会主义农村文化政策的制定者、基层文化工作者和乡村文化研究者应当考虑的问题。

如何从农民自己出发,如何从农村社会内部激活农村的文化资源与活力,并使之有益于社会主义核心价值观以及农民情感价值、世道人心的传播与弘扬?唯有如此,才能发掘出如张炼红在《历炼精魂》一书中所说的"潜在于生活世界的实践性能量……达致人心所向的政治复苏、文化创造和价值重建","开显出中国之道,真正体现吾土吾民的历练与担当"。

## 第一节 戏曲:社会主义文艺嵌入农村社会[①]

20世纪,中国经历了轰轰烈烈的社会主义革命,社会主义文艺已经与传统文化融合交汇,比如农民演戏农民看,已经很难说是传统文艺的延续,还是人民性的落地,或者说两者早已融为一体,社会主义文艺已经成为一种内生性的乡村文化。如果看不到这一点,将内生性狭义地理解为历史文化传统,

---

[①] 本节改编自沙垚、付蕾:《实践中的人民性:"送戏下乡"与"群众艺人"的主体性——20世纪60年代社会主义农村的戏曲民族志》,《开放时代》2018年第5期。

就很难正确地理解乡村文化振兴。回到新中国成立初期的历史语境,当年社会主义文艺进入农村的过程,或许可以为今天讨论传统文化、革命文化和社会主义先进文化的融合提供借鉴。

沙垚<br>编者按

早在1940年的《新民主主义论》中,毛泽东就提出"在这个新社会和新国家中,不但有新政治、新经济,而且有新文化"。但是,在中国乡村开展社会主义文化建设,乡村的价值观念和日常生活,与现代国家的意识形态会发生怎样的碰撞、妥协与融合?事实上,这也恰恰是社会主义新文化运行与人民性落地的过程。

## 一、送戏下乡:两把竹子火把和三把手电演了一晚上戏

如果你是一位生活在20世纪60年代的中国农民,那么你在乡村文化生活方面感受到的是,一批又一批的文艺工作者从城市来到乡村,为村民演戏。而这一现象的出现,主要是因为1962年中国共产党八届十中全会的一个决定:各行各业支援农业。"送戏下乡"成为戏剧支援农业的一个主要体现。

在当时党和政府的文件上写着,送戏下乡的目的是"向农村输送一些新的社会主义的文化食粮",巩固与扩大农村的社会主义文化阵地。如何"巩固与扩大"?即用社会主义精神教育提高农民思想觉悟。西安市文化局副局长高歌举了个生动的例子,过去革命时期散发传单、讲演都是为了吸引观众,宣传革命的道理,现在只要到农村去演戏,就有几千的观众送上门来,比过去的"条件"好多了,那么为什么不去呢?

根据档案资料,1963年1月至10月,陕西全省专业剧团农村演出29474场,观众25271500人次。专(相当于现在的地级市)县剧团演出总场次的80%左右,有的达到90%,是在农村演出的。西安市1962年全年5个剧团下

乡为农民演出了196场,1963年仅第一季度就有6个剧团下乡演出180多场。"就这个数字,大家还感到不够满足。"临潼道情皮影在农村演出的场数占全年演出总场数的98.7%。表面上看,在这个过程中,文艺工作者是代表国家、社会主义的文化使者,而村民是观看者、被教育者。但是,这个政策设计中是否包含了更为丰富和深刻的意涵呢?因此,我们有必要回到具体的历史过程,重新访问当年"送戏下乡"的亲历者。

在下乡过程中,这些专业剧团的演员们没少吃苦受累。杨世科回忆:"61年(1961年)下乡,我们到长安县去,吃大灶,一天就是包谷稀饭,那个稀稠得,我跟你说,不怕你笑话,我一个冬天加半个春天,都没洗过碗,吃过了光的嘛,干净啥都没有嘛……(1965年)背着铺盖,还要背人,有女同志怀孕了,还有病号,每天不是翻山就是过河,一天要走21道沟。"

历史档案记载,1963年陕西省第一批文化工作队在镇坪县"手拉手用绳子、竹竿牵着走,步行了八百多里山路,翻越'六里岔'和'桃花坪'时山陡路滑,不少同志连滚带滑,溜下了山,浑身都成了雪人,鞋底上也结了一层冰,山下却变成了胶泥路,鞋被拖着拔不出来……多数情况都是没有舞台,在场坝上临时搭台,有时就在平地。晴天还好,雨天就困难很大,如在华坪演出时,天下起雨来了,但群众情绪很高,坚持不散,演员也在台上坚持演出,雨越下越大,笛膜被淋坏吹不响了,就用厚纸遮住继续吹……第二天一位公社干部告诉剧团,有一位老大娘已六七十岁,一辈子没有看过'人大戏',晚上打着火把翻山越岭,过河淌水,走了五十里山路赶来看戏"。1964年,第二批文化工作队,也曾有过"用两把竹子火把和三把手电演了一晚上戏"的经历。

我访谈过陕西省戏曲研究院老三团的大多数健在的文艺工作者,他们无一例外地认为这段时间里下乡演戏是人生最难忘的时光,难忘之原因在于他们以前没有经历过这样的艰苦与磨难,借文化演出之机,他们亲身经历了真实的中国、真实的农村。他们把跋山涉水称为"行军",王毓娴说:"我身上是这样,其他人身上也都是这样,都是在路上排戏的,人都热情,不像现在人,没想房子、车子的事情……"他们讲起如何喝漂浮着马粪的水,如何在山中迷路,用鸡蛋做标志,如何在饥饿之极吃到陌生农民的一根玉米;对于普通农民,访谈中,大家都会回忆年轻时如何穿越玉米田去看戏,如何翻山越岭,如何跟亲戚、朋友一起度过愉快的时光。深厚的认同、情义和牵挂,在这个过程中建立。政治话语早已褪去,新文化与传统文化也早已水乳交融,半个世纪之后,唯一不变的是每个人的人生记忆,以及深深影响着彼此的青春记忆、情感结构与价值认同。

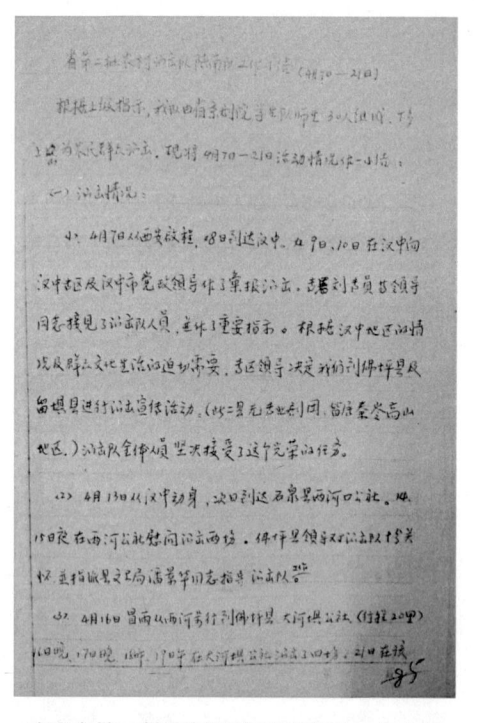

陕西省第二批农村演出队陕南队工作小结

1964年,陕西省第二批农村演出队陕南队工作小结中写道:"在山区演出的七场戏,有四场是冒雨演出的。尽管天上下雨,群众还是照样坚持看戏,不少老年人,小脚老婆,抱孩子妇女,不顾河水暴涨,山路崎岖,翻山越岭赶到大河坝来看戏。两河公社出现了从来未有过的街巷人空的盛况,有些盲人也赶来听戏。"杨世科说,有些地方从乾隆皇帝以来就没看过真人大戏。

宁强剧团到广坪地区演出,一位老大爷感激地说:"四十多年没看过戏了,旧社会恶霸魏富堂看戏,还得坐上滑竿到三百里外的广元城区,如今我们坐在自己的家门口就看了戏。"农民称赞下乡的剧团是"咱们的剧团""毛主席的剧团",许多农民像对亲人一样接待他们,有的腾出新婚房子给他们住,有的热情地帮助剧团搬行李、扛衣箱、烧茶送水,嘘寒问暖,关怀备至。这就启发我们去思考,送戏下乡的过程并不是简单的教育与被教育,或改造与抗争的关系,而是一种更为复杂与深入的互动。

毛主席说:"必须到群众中去,必须长期地无条件地全心全意地到工农兵群众中去,到火热的斗争中去,到唯一的最广大最丰富的源泉中去。"1963年,下乡演出的文化工作者们收到一份来自国家文化部的文件,要求"深入了解群众生活,随时和群众一道制作一些适合当时当地需要的短小形式的作品,并为自己今后的创作积累素材"。文艺工作者在演出过程中坚持与农民一起生活,一起劳动,帮助群众收割、打场、锄草、送粪,以及担水、扫地等,密切了和群众的关系。而农民,则跟剧团的剧作、导演、美术、音乐、演员等讲述农村的风俗习惯、新人新事,带领剧团参观公社,农村的先进模范跟剧团做报告,讲贫下中农"三史"(村史、家史、合作化史)。编剧们根据当地的故事,现编成短小的宣传节目,演给农民看,农民反应强烈。农民说"比开会、听报告还解决问题"。

因此,文艺工作者所表演的戏曲文本以及其传播实践所蕴含的内在功能、意义,是从每一个农民的日常实践中提取、加工和再生产,进而表达出来的。送戏下乡体现了乡村文化的内生性。如果说送戏下乡活动本身成为一种表达方式,那么真正的表达主体是农民,农民通过文艺工作者的表演来间接地表达自己,或者说是农民通过文艺工作者的舞台,展示自己的生活与情感。相比于帝王将相、才子佳人的舞台,农民们对这些发生在身边的事有一种天然的亲近感,编戏、排戏和演戏的过程中因而有更多的互动。

送戏下乡虽然沿袭了戏曲流动与文化宣传的传统,但至少在如下三点实现了超越,也由此建构了它在乡村召唤人民主体的基本方式。第一,送戏下乡是有组织、有目的的传播行为。政府曾以文件的形式对其传播活动的周期、形式、范围等做了明确的规定,既保证了戏班传播行为的合法性,又试图限制传播实践,使其不偏离初衷与意义。第二,送戏下乡是一种由文艺工作者和农民共同完成的文化生产与传播。送戏下乡的很多剧目是文艺工作者从乡村的生产生活中选取素材,即兴编排,再演给村民看,而不完全是预先安排好的,这既增加了送戏下乡的互动性、贴近性与生动性,又抢夺了陈腐旧戏的舞台空间和群众基础。第三,专业技术的交流。送戏下乡的演员大多都经过了专业的训练,在乡村他们与当地的文艺爱好者、草台班社的演员们互动,一起生活,手把手地教他们动作、程式、唱腔、舞台呈现等,通过此类培训和赠送代表新文化的演出剧本,在改造他们思想的同时,也提高了他们的演出技能。

由此可见,新文化的实现方式不是将马克思主义观念通过传统的艺术形式灌输给人民群众,不是形式与内容的机械互动,而是要将传统的、内生的优秀作品中体现的民主性、大众性、革命性理念发掘出来,与社会主义意识形态相结合,进行艺术生产与传播。与激进的政治话语相比,20世纪60年代初中国农村的文艺实践是热情、生动而真实的。

## 二、群众业余文化活动:农民演戏农民看

20世纪60年代,由于新生国家的力量有限,文艺工作者送戏下乡的活动尚不足以覆盖每一个村庄。所以,国家制定了"两条腿走路"的方针,其中一条"腿"是文化工作者,另一条"腿"是群众业余文化活动。发动农民中热爱文艺的戏剧演员,对他们进行简单的培训,进行监督管理,同时鼓励他们到更广泛的、更偏远的农村去演出,填补文化的空白。如张炼红在《历炼精魂》一书所说,很难想象,新中国成立初期如果没有这样一支由农民组成的"指挥自如、训练有素且能广泛深入民间的群众性宣教队伍,那么各项政策的上传下

达还能否进行得如此顺利"。因此,农民唱戏农民听,体现了文化内生性。

我们历时多年,访谈了大多数健在的、曾活跃在20世纪60年代农村戏剧舞台上的民间艺人,从中可以发现:第一,他们演出的场次之多、之频繁;第二,他们的演出活动受到地方政府、农民群众的热烈欢迎;第三,"文化大革命"对他们的影响有限;第四,他们在秦岭深山、交通不便的偏远村庄演出;第五,他们已经有了一定程度的传播新文化的自觉。

华县已故皮影艺人郭树俊,沙垚提供

比如华县(今陕西省渭南市华州区)皮影艺人潘京乐回忆说:(20世纪60年代以来)我的戏就没停过,"文化大革命"也没停,说迷信戏不让演了,我就演现代戏,没停过,一年演300场。

与他搭档的郭树俊回忆说:"文化大革命",没停,还演着呢。"文化大革命"它不管我,那戏多得很……在莲花寺(公社)演的教育戏《逼上梁山》,在铜川演的《智取威虎山》《奇袭白虎团》……从正月初二三,戏就开始了,一直演到收麦,天天晚上都有戏。

1962年到"文化大革命",他们(老师傅们)拉着架子车、被子、戏箱出去唱戏,山区里面看个电影都困难,山里人还记得几句唐诗,靠的全是唱戏。有人翻5道沟过来看戏的。那时山里七八户的生产队都有,挨着演,戏价低,一场20块、25块,少得很……1965年以后排新戏,有《会计姑娘》《红心朝阳》……老戏还在演,主要是下乡。1967年之后,老戏才唱不成了。

一个更为深层的问题在这里浮现,即此时农民艺人的双重身份:一方面,他们是代表传统文化的农民,与普通农民一样具有传统的价值观念;另一方面,他们又被任命为社会主义文化的使者,在农村地区进行文化传播。因此在实践中他们必须面对和处理这种分裂的身份。

社会主义文艺始终要求发动人民群众,让农民自己开展农村文化工作。可是,农村群众文化工作具体怎么搞?发动人民到什么程度?在基层文化实践中还比较模糊。正是在这个模糊的"缝隙"中,农民艺人找到了自己独特的文化实践方式。在这里,"人民性"这一概念究竟来自马克思主义理论,还是民间文化实践?"群众文化活动"指的是农民的文化娱乐行为,还是国家意识形态的乡村动员?农民很难说清楚。但农民在活动中是具有文化主体性的,农村的文艺实践不是在外部权力的刺激下单纯做出的反应,而是有一套自己的内生性逻辑,并能"消化"甚至改造外部力量带来的政治经济冲击。

如果在一个更为宏大的视野中分析20世纪60年代中国农村的文化实践,可以看到两种平行的文化表演者,一种是文艺工作者,另一种是农民艺人。我们需要从总体性的高度来评价两者共同的传播效果,而不是孤立地看待某一方。正是因为两者的互补关系,才构成了20世纪60年代中国农村文艺实践的真实,农民艺人不仅在物理空间和演出频次上弥补了文艺工作者下乡演出的不足,而且极大地丰富了农民的业余文化生活。更重要的是,农民艺人用自己的实践缓和或消弭了"以阶级斗争为纲"的政治意识形态和传统文化之间的摩擦与张力。恰恰是在"文化大革命"前夕政治话语空前加强的语境中,在一种看似不可能的情况下,具有文化主体性的农民艺人在实践中实现了社会主义文艺与农村文化传统的结合。

## 三、结语

重返20世纪60年代中国农村文艺实践中的历史细节,我们发现在文艺工作者和农民艺人的共同努力下,社会主义文艺、农村内生文化、农民日常生活真正有机结合的机制。其关键是"人民性",无论是文艺工作者和农民之间深入而动情的互动、对传统的再造、对民众生活世界和"地方性"文化实践的发掘,还是农民艺人以政治合法性的名义进行的文化服务、文化整合与文化创造,都是人民性的表征。人民性是社会主义文艺真正嵌入农村社会结构的一种实现方式。这时社会主义文艺已经不再仅仅是外来的、革命的、现代的价值观念或意识形态,而是经过社会主义革命、农村的文化传统与农民的日常文化实践再生产过的一种内生的"新传统"。正是"新传统"的形成,才保证了人民性的落地——从理论的、政治的、口号的转变为日常的、文化的、实践的。

中国农民对政治话语、动员结构常以一种热情和服务的姿态积极参与其中,并在实践中再生产出一种新传统,既能部分地承接国家意志的初衷,又能协调乡土中国传统的价值观念与文化诉求。这种新传统的实践,打破了台上台下的界限,观众和演员、宣传者与被教育者在共享时空和共享身份中践行了中国革命平等与解放的理想。

这个故事的启示在于,当代农村处于全球化变局中,各种现代的、西方的价值观念进入农村,要学会甄别、碰撞、融合,并共同再生产出新时代的新变化。

## 第二节　耍歪官:民俗中的社会治理①

　　乡村文化治理不能简单地理解为运用行政手段或市场手段去治理乡村,相反,我们应该深入乡村,去发现在地化的、已经存在了数百年、上千年的各种文化实践,或许其中蕴藏着深刻的社会治理的方法,西安市鄠邑区的"耍歪官"民俗便是一个很好的案例。通过"出板对""出歪官"等形式,进行乡村的舆论监督和文化治理。因此,我们相信激活乡村内部的精神文化资源,有助于建构乡村道德和秩序,形成充满活力的治理格局,这是乡村文化振兴的宝贵资源。

刘　珂<br>编者按

　　逢年过节乡村民俗如火如荼,热闹非凡,其中也孕育着乡村治理源泉动能,在年节的欢歌笑语、插科打诨中,好人好事被传扬,劣迹恶行被讥讽,乡民在嬉笑怒骂之间构筑着乡村道德风气、基层治理的美好图景。

### 一、蒋村历史

　　蒋村是关中中部一个古老的大村,地处秦岭北麓平原地带,隶属西安市鄠邑区蒋村街道管辖,土地肥沃,水源充足,农耕条件优越。村子现有人口5000余人,包括温、巩、张、王、刘、范、吴、杨、马、展等姓氏。

　　据温、巩两姓族谱记载以及村人口传,这些家族早在明代已在蒋村居住。其中温氏家族人丁兴旺,五百年来人口发展到2500余人,占到村子人口的一半。温家在村中原有两座祠堂、一座戏楼,每年寒食节和冬至都要祭祖唱戏。张家和巩家也建有祠堂,供奉祖先,定期祭祖。张家在清代康熙年间曾出过

---

① 本节为原创文章,作者刘珂,供职于西安市鄠邑区文化馆,主要从事非物质文化遗产的项目申报和保护工作。

一位武将,叫张启凤。据《周至县至》记载,张启凤,字仪庭,从军击台湾残明政权,屡立战功,迁提督,诰封怀远将军。其神道碑现保存在村东永宁寺。巩家在清代乾隆和光绪年间先后出过三个举人。吴家在光绪年间出过一个举人。展家先祖、处士展恒义之妻秦氏光绪年间去世,被敕授节孝碑。马家在民国十八年年馑期间,在蒋村和王过村开设两处施粥场,每日用去两石粮食,帮助乡民度过饥荒;民国二十八年闹饥荒,马家又捐出数千块大洋,帮助灾民去陕南买粮,陕西省政府嘉奖"义著一门"。温氏族人温谦,急公好义,同治年间被推举为乡约,他组织村民"打城修庙,缯鼓铸炮",自此以后,村子城墙坚固,祥和安宁。蒋村人有崇文重教的传统,巩家一门出了三个举人。举人巩伯奇和廪生巩玉山终生从事教育事业。杨家在清代也有不少文人,清代中期杨蔚清在村里开办私塾,为村子培养了很多知书达理的人。20世纪30年代,李萃亭、李沉斋兄弟在蒋村开办甘西小学,推行新式教育,并以此为据点,积极宣传马克思主义,发展共产党员,培养了很多进步学生,在周至户县一带影响巨大。尚武精神也是蒋村的传统。西门杨开印家世代习武,清末民初,蒋村成立民团,他担任民团总教练,因人施教,全村学拳蔚然成风,远近闻名。西门的吴老二及其儿子吴禄林、王克俭、王吉泰,北门的展怀德等都是身手不凡的武把式。村子里庙宇众多,有规模宏大的三义庙(庙前建有号称关中第一楼的大戏楼),还有永宁寺、菩萨庙、三官庙、牛王庙、孤魁庙等。大部分庙宇在"文化大革命"中被毁,只有永宁寺屡毁屡修,至今仍保留着香火,每年正月二十三、二十四定期举办庙会活动。

  蒋村城墙创修于明代,后于清同治年间重修,周长五里半,东门匾额"曦彩晨辉",南门匾额"瑞绕峰烟",西门匾额"瑞霭长庚",北门匾额"高拱天枢"。村子分为东门、西门、南门、北门四个片区,按照居住方位,村民分属四个不同的群体。虽然1958年拆除了城墙,村子也扩大了很多,但是至今依然按照东、西、南、北门划分村民归属。正月期间的打蛮鼓、斗板对、耍歪官、出春官、耍社火等一系列民俗活动正是在相对的两门之间展开的。

## 二、蒋村正月民俗活动

蒋村正月民俗活动相传产生于清代康熙年间,至今已有三百多年历史。它是蒋村人庆新年、闹新春的独特民俗传统。活动自正月初一始,至二月初二结束,历时一月。整个活动以两方对垒的方式进行,对垒双方互相争胜,气氛紧张热烈。按照世代沿袭的规矩,东门和西门对垒,南门和北门对垒。但四门不能同时对垒。两方对垒时另外两方作为对垒双方的盟友各助一方。历史约定东门和北门是盟友,西门和南门是盟友,在活动中,对垒双方有自己的图腾标志,西门和南门为龙,东门和北门为虎。四门也有各自的称谓,东门称东府,西门称西府,南门称南府,北门称北府。

活动从正月初一打蛮鼓拉开序幕。蛮鼓也叫催战鼓,相传是清代康熙年间清军征南名将张启凤带回家乡的战鼓鼓调,节奏激昂,振奋人心,极具挑战性。打蛮鼓是好热闹的年轻人自发到对方街区打鼓挑战,挑起对方打鼓回应。双方你来我往,斗志昂扬,参与村民越来越多,队伍越来越大,直至配上车拉堂鼓、军号、喇叭,摆出强大阵容,群情振奋,不分昼夜,连续鏖战。至初七、初八,双方各设公署,推选鼓头,统一指挥,对垒表演正式开始。

耍歪官民俗活动之出板对,王智提供

正式的对垒表演开始后，双方都要组织本门族的文人编撰对联，写在专制的木板上，高举于表演队伍之中。乡人称这种对联叫板对子。板对以讽刺对方、弘扬正气为宗旨，或用历史典故，或用嵌名指事形式，想方设法抬高自己，贬低、挖苦、讽刺对方，你来我往，互不相让，愈演愈烈。板对数目从开始的每次数副逐次增加，最多时多达50副。随着对抗的激烈，双方的表演次数也由每日两次增加到三四次，直至下半夜。板对前面旌旗猎猎，仪仗前导，后面锣鼓助威，气势恢宏。表演队伍每到一个十字路口，都要杀几盘蛮鼓。十几面鼓落槌如雨，数十副铙钹拍击狂风，如三军呐喊、万马奔腾，惊天动地，逞尽威风。中间高举的板对虽无声色，却是最激烈的智慧较量，常常在观众中引起巨大反响，以至数年后还有人津津乐道。

**大量群众参与耍歪官民俗活动，王智提供**

打蛮鼓、斗板对持续到正月十五，南门或西门就要报歪官，当晚要出歪官（北门或东门则在第二天报官、出官）。歪官是群众创造的戏剧人物，是一个正面的军事统帅形象，他在当晚要以戏剧表演的形式带领三军巡游全村征讨对方。歪官代表着本门的威严和气势，出巡时要向村民训话，一般由群众推选有威望、有口才、身材魁梧的人担任。歪官选定后，本门要派报马在村中主要街道跑三圈，通报村民歪官已经选定，当天晚上要出歪官。然后由六名群众扮演成全副武装的副将，骑马前往歪官府迎请歪官就职。旌旗前导，板对随后，对垒的一方和帮助的一方组成强大的鼓队助威，前呼后拥，向歪官府进发。在热烈隆重的仪式中，歪官披甲佩剑，宣布就职。

正月十五、十六晚出歪官，是蒋村正月民俗活动的高潮。出歪官是对垒双方以戏剧化的军事方式对对方进行征讨。歪官出发前要召开誓师大会，宣读声讨檄文。檄文往往戏称己方为正义之师，对方为蛮贼倭寇，要大加讨之，气势凌人。歪官披甲戴盔，身边有副将相陪，身后有卫队紧随，全部骑高头大马，威武不可一世。歪官出征，协助的门上和友好邻村的锣鼓队都要前来助阵，表演队伍声势更加壮大。锣鼓震天，旌旗猎猎，板对高举，灯笼火炬一片辉煌，十里八乡的村民涌进村子，盛况空前。

耍歪官民俗活动之出歪官，王智提供

歪官每到一个十字路口和广场等重要的公共空间,都要停下来询问当地民情,由副将传唤当地领导或村民代表出来禀报情况,由此引出歪官戏表演。歪官戏都是提前编排好的,主要由假扮的当地领导或村民代表以快板、歌曲或戏剧唱段等形式汇报当地的人和事情。汇报完毕,由歪官训话。歪官戏在不同的地方有不同性质和内容。在同盟的门上,歪官会表扬其村容村貌整洁、民风好;村民代表会称颂歪官队伍威武雄壮,锣鼓精彩,热闹耍得好,并表示拥戴和支持。一问一答,一团和气。在对垒方街区的表演则以挖苦讽刺为能事,由假扮的村民代表自揭家丑,把自己和本门本街上有不端行为的人的种种不堪的行为改名换姓后公之于众,最后由歪官义正词严地进行批评和训导。也常用拦轿喊冤的形式揭露村干部贪腐或恶人欺压百姓,申诉村民冤屈,请求歪官主持公道。歪官则会以最高长官的口气主持正义,抨击干部和恶人的不法行为,依法依规命令他们纠正错误,安抚群众。歪官戏语言生动活泼,表演风趣幽默,指人指事有根有据,耳熟能详,讽刺批评切中时弊,深受群众喜爱。歪官每到一个十字路口表演,群众总是围得人山人海,精彩的表演常常引起一阵阵叫好声。

南门或西门正月十五晚出过歪官,第二天晚上,就轮到北门或东门出官,由于前一天晚上受到讽刺和挖苦,他们的歪官戏就有了还击的意味,会更加辛辣,歪官表演也就更加吸引群众、更加热闹。

接下来的两天,对垒双方要在村东的永宁寺内立"高照"。"高照"用20米的高杆做成,顶端插旌旗,中间有两个一米见方的斗子,四角彩旗飘扬,一个上书"国泰民安",一个上书"风调雨顺",西南门有龙标志,东北门有虎标志,都是敲锣打鼓在村里巡游一圈后立在永宁寺院内,西南门立在西边,东北门立在东边。

"高照"立起来后,双方不再对垒争胜,蛮鼓变为优雅祥和的太平鼓,板对不再互相讽刺,而以年丰人和、祈福迎祥为主题。全村一片祥和喜庆的局面。接下来双方都要选春官。春官一要德行好;二要三代同堂,人口全和,家庭富裕;三要身体健康,相貌端庄。春官就职后,在家设春官府,旌旗伞扇,全副执事,全部仪仗一应俱全,完全模仿古代官府形制。相传在清代,春官在任期间有全权处理村内事务的权力,当地乡绅官员也要前来拜见。春官府的执事,仪仗轿夫一应人员,以及前来拜见的乡绅官员的招待费用全由春官本人承担。

春官上任后,每天早晚要去永宁寺院内的"高照"前祭风,祈求风神保佑来年风调雨顺,五谷丰登;保佑正月二十二、二十三不要刮风,保证社火顺利举行;同时要在永宁寺正殿的佛像前降香,祈求诸佛保佑一方百姓如意安康。降香前先要在村中游行一周,叫游春官(村民称夸官)。春官出游坐轿,前有"肃静""迴避"威风牌,金瓜钺斧朝天镫,旗锣伞扇威仪俱全。后有锣鼓队伍壮威,俨然是朝廷命官派头。

正月二十二、二十三两天,双方各扎一座彩亭,扮十数台社火在村里巡游表演。争奇斗艳的芯子社火连同前后彩旗仪仗、锣鼓、报马、对子、巨幅标语,连接起来长达数千米,把正月的欢庆活动推向高潮。这两天也正是永宁寺的庙会,双方春官在永宁寺前各搭一个高台棚子,观赏社火,并摆设糖果钞票,赏赐给扮演社火的小孩和抬社火、抬亭子以及耍热闹的所有村民,全村老少振奋欢悦,其乐融融。

农历二月二,对垒双方在永宁寺前各唱一台大戏,谢诸神保佑,同时感谢春官,并宣告春官卸任。历时一月的新年欢庆活动就此落下帷幕。

## 三、蒋村正月民俗活动的社会治理功能

蒋村正月民俗活动是在关中年节习俗的文化背景下,由乡村精英和全体村民共同参与、长期实践而生成的乡村民俗文化传统。如前所述,蒋村是农耕时代乡村社会发育非常充分、乡土文化非常充盈的村子。它在明清时期出过一个将军,四个举人,有急公好义之士,有尚武行侠之民,村民勤劳质朴,敬天爱地,安居乐业。在民俗活动中,我们能看到张将军的影子,也能看到文人

的智慧；能看到富裕人家的公心和慷慨，也能看到普通村民的自信和豪迈。正因为所有村民不论身份、不分贫富的参与，才激活了乡村内部的全部精神文化资源，调动起足以支撑整个活动的物质财富，从而把敲锣鼓、耍社火这样的普通年节习俗发展演绎成规模宏大、内容丰富、形式独特、程序繁复且环环相扣的盛大民俗活动，三百年来，代代相传。

蒋村正月民俗活动的显著特征是它的对垒形式。对垒争胜使整个活动紧张精彩，也为村民之间的交流互动提供了平台。它的对垒双方不是以氏族和血缘关系划分，而是以居住地划分。即使同宗同族，如果属于不同的门上，他们也会坚定地站在本门的立场，维护本门的利益。这就打破了农村单一的宗亲关系，使村民多了一个归属，丰富了其社会关系的维度。活动中常常出现女婿与岳丈、堂兄与堂弟各为其门而相互对立的状况，使参与者经历一次公义与私亲的取舍和亲情的短暂搁浅。

自发性与主体性也是蒋村正月民俗活动的根本特征。任何一个村民只要有了耍热闹的愿望，都可以号召和组织群众到对方街区打鼓挑战，只要双方村民热烈响应，就可以发起整个对垒活动。历史上就曾出现过弟兄两人单鼓独铙多次到对方街区挑战的动人一幕，最终获得群众响应，发起了整个活动。欢庆活动正式开始后，双方的锣鼓头、歪官、春官全部都由村民自己推选，政府部门不得干涉。整个活动的财务也由村民自己协商解决。

斗板对和出歪官是蒋村正月民俗活动最为独特的节目。它为年节欢庆习俗植入了语言艺术，以对联、快板、戏曲唱段等形式，把村民的日常生活投射于欢庆活动，含沙射影地把更多村民推上前台，当众奚落，挖苦讽刺；把更多有悖道德的事情公之于众进行批判，触动村民的神经，使整个欢庆活动成为一场活剧。这是一个非常难得的由村民自己主导的舆论平台，是极其珍贵的文化创造。它虽然以批评讽刺村民为目的，但具有公认的合法性，受到全体村民的尊重。因为在庆新年、闹新春的语境下，对垒双方的调侃、讽刺和批评是为了热闹，被讽刺的人不能急，不能破坏祥和的气氛。同时为了避免对垒双方因相互讽刺起冲突，先辈人还立了很多规矩。比如双方板对不能见面，蛮鼓不能对着敲，必须是一方巡游完毕，另一方再出动。双方的歪官只能各出一晚，西门、南门在先，东门、北门在后，西门、南门不能因为受了批评和攻击二次出官还击。受到批评的人不能在歪官戏的现场质问歪官，更不能谩骂。在这样的语境和规则下，板对和歪官戏对村民及干部的批评讽刺受到了保护，获得了合规性和权威性，得到了充分发展。整个活动成为村民共同认可的舆论场，成为表达村民集体意志的重要方式。无论是对村民的道德批判还是对村干部的批评揭露，都成为群体的发声，具有了正义性和权威性，同时也产生了有效性。

蒋村正月民俗活动一场下来创作对联数百副，除了一部分对联用历史典故等方式贬低对方、抬高自己，更多的对联皆为影射真人真事而作，有调侃对方不良习惯的，有讽刺对方失德的，涉及孝敬父母、忠于配偶、诚信做人等方方面面，联语典雅而又辛辣。尤其对于一些损害群众公共利益的人和事，一针见血，毫不留情。比如西门原来有一个人叫巩志德，做村电工时亏空了3000元电费，群众认为是他贪污了这笔钱，于是东门就打出一副对联，上联是：志得三千块；下联是：失去万人心。群众看了拍手称快。更精彩的是出歪官。出一次歪官，双方都会竭尽全力搜罗对方的丑事。偷鸡摸狗的、损公肥私的、仗势欺人的、不孝敬父母的，还有干部贪污腐化的，一切不道德的人和事都会被改头换面拿出来表演，让群众称快，令当事人汗颜。干部有不良行为，往往耍一次歪官就下台了。比如西门原来有一个人任村委会主任，做了很多损害集体利益的事情，群众非常不满。当年耍歪官，他知道东门人要把他做的那些违法的事情编成歪官戏揭露出来，于是和一帮支持者想阻挡歪官演出，最终迫于祖先定下的规矩，没敢出头，结果当年选举就被拉下台了。板对和歪官这种形式把古老的民俗和村民当下的生活紧紧地联系在一起，在庆新年、闹新春的语境下，形成强大的公共舆论，发出群体的正义之声和道德审判，真正达到了斥恶习、正村风和促进乡村治理的重要作用。在这一寓教于乐的古老乡俗中，人人都可能成为讽刺对象，但村民们却积极参与其中。它对个人心灵的触动是深刻的，也是愉快的，同时它的影响也是深远的。平常某村民若做了坏事，大家在谴责他的同时都会说，明年的歪官有戏了，足见歪官的警示作用。

游春官也极具道德示范意义。春官是被群众推举出来的有德行、有能力、有公心、有威信、有福气、有尊严的人。他在上任后，每日坐八抬大轿，在旌旗仪仗和锣鼓队的前呼后拥下，去永宁寺进香礼佛，所受待遇极其隆重。祖上当过春官，是一个家庭永远的自豪。村民选举春官时坚守着严格的道德标准，曾经有挣了钱的村民提出拿五万块钱出来当春官，但因德行欠缺，遭到村民一致拒绝。这与村委会选举中贿选屡屡得逞的情形形成了鲜明的对照。

## 四、结语

蒋村正月民俗活动是在中华民族农耕文明历史背景下，由乡民们创造的乡土文化，它既保持着许许多多古老的传统基因，又具有广阔的开放性，容纳着村民的当下生活，建构着当下的乡村道德和乡村社会，它不仅是乡村文化建设的宝贵资源，也是乡村政治建设和社会建设的宝贵资源。

## 第三节　村庙：把握庙会的文脉[①]

传统文化在当下的乡村仍然保留着相当强盛的生命力，尤其是各地热闹非凡的庙会。庙会千年来通过娱神和娱人的相互交融，使得乡村的文化结构得到整体性延续。现今乡村庙会组织管理仍属于公益性的劳动，承担着乡民精神寄托和精神净化的作用。乡村庙会的举办为乡民搭建起展现个体能力和风采的平台，实现了乡民无功利的自我与群体审美，并在其中蕴含着多维

---

① 本节为原创文章，作者王昊，西安工业大学文学院副教授，文学博士，宗教史博士后。

立体的关系网络,有助于乡民之间关系的重构、道德的认同和基层民主的发展,显示出乡村庙会具有了上通下达的枢纽作用,极好地促进着区域文化建设,其不断感染乡民,促进乡民完善自我精神世界的表达,培育和丰富了乡村的组织力。

王　昊<br>编者按

庙会,又称"庙市"或"节场",是"中国的市集形式之一,在寺庙节日或规定日期举行。一般设在寺庙内或其附近,故称'庙会'"(上海辞书出版社1980年版《辞海》)。由此可见,庙会起源于寺庙,与宗教有密切关系,因此名字中有一个"庙"字。它在寺庙的节日或某些特定的日子举行,善男信女聚集在庙中进行宗教活动,后来也会把神像抬出庙外巡行,谓之迎神赛会。随着经济的发展和人们交流的需要,庙会就在保持祭祀活动的同时,逐渐融入集市交易活动,这时的庙会又得名为"庙市",成为中国市集的一种重要形式。可以看出庙会既是宗教的,又是世俗的,是人们敬祀神灵、交流感情和进行贸易往来的综合性社会活动。

庙会的"承办方"是多种多样的,可以说在中华大地上所有被崇拜过的神灵,甚至英雄人物都"举办"过庙会,比如原始宗教中崇奉的三皇、伏羲、女娲等;道教崇奉的玉皇、王母、太上老君、真武大帝等;佛教崇奉的佛祖、菩萨、罗汉等;民间信仰中的各路地方神灵;甚至历史与传说中的英雄人物,如孙悟空、关云长等人。他们作为主祭神灵,庙宇都为之举办过庙会。

庙会与宗教活动的密切关系,使得祭神仪式成为庙会的一项重要内容。而祭神仪式的内容和过程则会因所依附的宗教或者神灵而定,例如佛教的"行像"活动就是佛教寺庙庙会中经常举行的祭神活动,其将神佛塑像安置在彩车上,在城乡巡行,所以又称"行城""巡城"等。

通过宗教信仰获得神灵的保佑是大多数信徒最原始、淳朴的目的。规模盛大的庙会自然而然地成了信徒们祈福的好时机,对于推崇"不孝有三,无后为大"的中国人来说,求子成为我们先祖向神灵祈福时经常乞求的愿望,甚至出现了很多专门服务于求子的庙会,比如河南淮阳的人祖庙会、天津的妈祖(天后宫)庙会、山西平遥的双林寺庙会、北京的妙峰山庙会等等。其中,淮阳祭祀女娲和太昊伏羲的人祖庙会可以说是最具有原始宗教和巫术意味的庙会了。除此之外,在庙会上有不少民俗活动也是以祈福为目的的,诸如白云观庙中的摸石猴、窝风桥打金钱眼等。

民间演出是庙会的另外一项重要内容。各类民间艺人往往要借助庙会,进行表演来营生。表演形式包括戏曲、木偶、相声、双簧、戏法、数来宝、耍中幡、秧歌、高跷等等,其中许多表演形式在如今的庙会中依然可以见到。小吃和玩具则是庙会中最常见的售卖商品。特别是玩具,如空竹、走马灯、糖人、面塑、九连环、拨浪鼓等等。很多制作相当精巧,堪称手工艺品。

## 一、乡村庙会的历史延续性

周王朝活动的核心区域便在关中地区,关中春祈秋报的传统可谓历史深远。千年来娱神和娱人相互交融,以臻美好。传统的农业祭祀是以娱神为名,完成娱神与娱人的现实;而新中国成立后的群艺活动,是以娱人为名,完成庆祝丰收的现实,变化的只是名义,内容并没有太大变化。从生产队与自然村或者准自然村的重合开始,似乎就注定了新中国成立后一系列新的制度性变化并没有根本性脱离解放前的民间传统,新兴的农村群众艺术活动只不过是传统农业祭祀的变脸,农村内生的文化结构得到整体性延续。

比如依托古老集会、庙会的"自由市场"依然存在并得到鼓励,改变的仅仅是名称而已。最为关键的是,我们从文化的角度依然能够感受到"默默温情",跳秧歌、走高跷、唱影戏……可以说,只要农业存在,依托农业的精神消费和文化方式就很难根本性变迁。农民在农田劳动,农田是农民的公共空间,他们在劳动间隙互相称赞庄稼长得美,讨论天气和农业技术,他们的吃喝来自自己的土地,吃得更加美味,这种感情不会改变。

如西安市鄠邑区的娄敬庵庙会,原为西北五省屈指可数的骡马交易市场,骡马交易衰落后,猪、羊、鸡等家畜六禽的交易依旧繁荣,农业生产工具的交易,餐饮、服装业的繁荣,戏剧、杂耍的表演,热闹非常,很好地促进了古今文化和物资的交流与交易。如南羊村和石村的板板薄(箱柜锨板)、西羊村的端错错(锨把、锄把和扫把等)、东羊村的眼眼多(筛子、背篓等)、石坡寺的圆坨坨(锅盖等)、百福村的棉窝窝(棉鞋)、洪洞庵的热蒸馍、姚村的辣子、马营的蒜等产品,鄠邑姬家的大肉辣子疙瘩更是凭着独特的制作方式、可口的风味在庙会上成为陕西美食一绝。庙会上还举行八社十四村祭祀娄敬的盛大典礼,以五谷三牲为主祭品,以文祭、酒祭、鼓舞祭、钟祭、斧祭为主要内容,近些年还组成了87人的长号音乐队进行乐祭(娄敬去世时87岁)。庙会卓有成效地繁荣和活跃了乡村经济和文化,提高了鄠邑区在关中地区乃至西北五省的经济地位和知名度。村民讲述:有年在兰州做生意,当地人听说他是西安鄠邑人,就说你们那里有个娄敬庵庙会大得很,我曾经去过。他听了后很自豪,说我就是娄敬村人。当村民重新讲述往事的时候,表达的是村庄的集体记忆、社区认同和几代人的青春。

## 二、乡村庙会的社会功能

现今的乡村庙会大多仍是乡民的公益性劳动,行善和祈福让乡民对参与庙会保持着踊跃的热情。首先,乡村庙会是乡民活力的释放与展现,庙会为乡民提供了一个展现个体的绝佳机会和平台。祈盼美好的心愿让每个乡民都为自己最美好的呈现做出了最大的努力,而且这和任何利益回报并不直接挂钩,这也就意味着在精神层面,乡村庙会是乡民无功利的一种自我和群体审美。这极大地激发着乡民对此的无限热情,乡民们齐心协力、集思广益让这一过程展现得更加完美。可以说乡村庙会为乡民个体的建构提供了平台,其中每个乡民建立起他们越来越深厚的个体生命体验,这种体验是最为重要的,正是这种体验能够帮助他们获得精神的主体性,参与性的体验、乡民的精神建构之间不断循环往复,最终促成精神主体性的饱满与充实。

其次,乡村庙会的组织蕴含着多维立体的关系网络,可以运用事件网的视角去深入观察整个过程。如果前一方面,我们更多看重的是人内部自构性的问题,那么这一方面我们更多看到的是人外部关系之间的运转,整个庙会筹备和举办过程中交织着人与人的关系、人与组织的关系,其中孕育着乡村的基层民主、道德建构,全面展现着乡土文化自组织和自生产的整个过程。在整个过程中,可以看到很多矛盾在不断升沉,人怎么去和另外一个人对话?怎么去和一个组织协调?组织怎么照顾一个人的情感诉求?怎么协调一众人各不相同的精神指向?在田野中去倾听每位乡民在不同关系中所进行的情感表达,不断从个案走向总结、提炼,而正是这种对不同关系的深度思考,促成最终的研究更加客观地表达出对区域文化建构的观点、模型和理论。在整个庙会的组织过程中,很多矛盾被压制了,但这种压制又促成了它的解决,比如村民之间因日常生活产生的一些纠葛,在庙会组织过程中,由于合作的促成,使他们对过往的矛盾产生一种新的理解,很大程度上促成了日常矛盾的解决。很多访谈者都表示很多不说话的人经过迎祭活动,见面后不单热情打招呼还主动递烟唠嗑。当然有矛盾的解决,也有矛盾的出现。这些出现的矛盾有些经过各方努力基本被解决了,但有些是乡村的一些痼疾,不可能一时一刻就解决,但是经过这样一个过程,有了对于矛盾的梳理,为它的解决提供了新的视角和途径。

再次,庙会的组织为乡村维系着道德的认同。在庙会筹备举办中我们总能发现几位核心的组织乡民,当向其他乡民询问为什么要推举他们来管理庙会,乡民无不重复地向我们表达了人选的要求,最为突出的就是德高望重。在很多庙会管理人员的选择中,合适的人员无不被乡民说成道德的楷模。有一位受访者的话特别有代表性,在庙会组织中他来回奔劳办事,但经过访谈才知道他和庙会一位主要的管理人员有较深的家族矛盾,但他却说:"我服气这个人，我是和他有点儿不对付，但这个人我是认的，我服气。"从这样一些类似谈话中，我们可以深入去探索，道德对于乡民和乡村的意义是什么？在经济利益日益显示出非凡的魅力之时，乡村的道德和经济的关系是什么？在这样的民俗活动中，乡民压抑了个体的矛盾，心甘情愿服从道德意志又代表着什么？乡民展现出如何的道德愿景？在民俗活动中乡民产生的道德看齐力量到底有多大？会持续对村庄产生什么深远的影响？这些问题思考，可以看出庙会组织的全过程暗含着乡村的种种关系，在这些关系中孕育着乡村不断发展和前进的动力源泉。

最后，乡村庙会承担着乡民精神寄托和精神净化的作用。随着现代化进程的不断加速，乡民时刻感受到时代发展的日新月异，这既为乡民带来了发展图变的契机和机遇，也为其生活增加了外迫性的巨大压力与波荡起伏的不稳定性，这使得崇奉神灵并没有随着科学技术的突飞猛进而销声匿迹，反倒成为乡民祈盼美好、护佑生命的精神寄托。乡民崇奉的神灵大多都具有惩恶扬善的神职功能，敬奉神灵让乡民内心得以自省，起到了净化乡村风气、建构乡村良性精神环境的作用。这是内生性原则对当代乡村社会文化的贡献。

## 三、结语

庙会是乡土中国的重要遗产，它不只表现为一种精神信念和文化形态，更是乡村社会的组织形式。如何继承庙会的精神财富，遵循内生性原则，释放其中有益于当代的正能量和价值感，是乡村文化振兴过程中我们必须考虑的问题。

## 第四节　黑龙潭庙会：用香火投资公共事业[①]

中国民间庙宇众多，俗语说，"村村皆有庙，无庙不成村"。形形色色的庙会组织，在乡村文化传承、乡村社会秩序的维护、地方认同的建立、自然资源的管理与分配等方面，曾经发挥不可或缺的影响。如今，庙会功能逐渐萎缩，大多仅余集市和娱乐功能，庙会组织则基本已退出乡村的公共领域。然而，陕北榆林地区的黑龙潭庙会却是例外。20世纪90年代以来，黑龙潭庙委会利用庙会的香火收入，多年来持续投资于地方公共事业建设，涉及环境、教育、医疗、农村基础设施、社会保障等多个领域，俨然类似一家具有庙会背景的社会企业。黑龙潭庙会是如何实现这一旧神新社的转型之路的？其经验对转型期乡村公共服务体系的构建，以及乡村治理结构的完善，应有一定启发。

尹春涛<br>编者按

### 一、黑龙庙的兴衰沉浮

黑龙潭在榆林往南55公里处，周围群山环绕。在一处悬崖上有一股长流不断的泉水，对十年九旱的榆林地区来说，这股泉水异常珍贵，因此素有"龙穴藏珍"之称，被誉为榆林八景之一。景物殊胜，少不了灵异传说。自古至今，黑龙王显圣的传说在此地流传甚广。据说，郑氏女吞食仙桃，生下五龙，其中黑龙仙游至此，恋潭清水洌，屡屡显圣乡民。至明朝正德年间，乡民为其创建黑龙庙宇，以后几度重修扩建。这里每逢农历六月初十至十四，要举行盛大的庙会活动，数百年而不衰。

---

[①] 本节改编自尹春涛：《用香火投资公共事业，陕西黑龙潭庙会是如何做到的》，澎湃新闻，2017年6月13日。

"文化大革命"期间，黑龙庙被彻底拆毁。1980年初，政府开始落实宗教信仰自由政策，附近的白云道观重开山门，允许信众朝山。于是，当时黑龙庙的会首开始组织公开祭祀。据当地传说，祭祀期间曾出现异象，干涸12年的龙穴海眼也意外出水了。此事极大振奋了村民重修黑龙庙的决心。先由镇川镇红柳滩、陈家沟、八塔湾、高粱坡、朱家堡、柳湾沟六个村的老人推动，后来为募集修庙资金，又吸收了北河村、花河村、杨家沟三个村，这九个村组成了今天的黑龙潭庙委会。

在村民的齐心协力之下，黑龙庙于1982年完成重建。然而，那时民间信仰尚未获得政府的正式承认。后来，庙委会以保护黑龙庙遗留下来的文物为名，申请成立了黑龙庙文物管理所，从而获得一个传统文化场所的合法身份，而庙会则以物资交流会的名义得以定期举办。在文化和经济的名义之下，黑龙庙的场所和信仰活动暂时得到政府的认可。但作为民间信仰组织，其合法性存在诸多不确定性。

随着地方经济发展，黑龙潭庙会渐渐兴盛，香火之旺更甚于往日。地方经济结构的改变则促使黑龙王的职能发生了相应的变化。因农业比重下降，矿物开采成为主要经济来源，而矿物开采和运输风险大，因此黑龙王渐由原来的祈雨之神变成了财富和平安的施予者。当地人因为黑龙老爷的"庇佑"变富裕了，在愿望得到实现后，便会到黑龙庙来还愿。渐渐地，当地生意人不说自己出去挣钱，而是说"和黑龙老爷一起挣钱"，挣得的收入总有一部分不菲的资金流入黑龙老爷的功德箱中。

至此为止，黑龙庙在历史上的兴衰沉浮与当下的重建，从表面上看与全国各地大多数庙会的经历没有太大区别，但新的变化已在悄悄酝酿之中。

## 二、获得社会合法性

榆林地区属于陕北黄土高原丘陵沟壑区，黄土广布，植被稀疏，风沙大，水土流失严重，对农业生产极为不利。自20世纪80年代开始，地方政府开始大力推动黄土高原综合治理,鼓励社会多元力量参与种草种树、绿化荒山行动。

正是在这一背景下,1988年,朱家堡村的朱序弼找到庙委会,希望庙委会能支持建立一个山地树木园。朱家堡是参与黑龙庙复建的九个村庄之一,朱序弼是榆林市林科所的研究员,多年来他潜心于试验和培育适合陕北这片黄土地的树种,颇有建树,正想寻找一片山地进行更大范围的试验和推广。朱序弼所在的林科所对与庙委会合作心存顾忌,但朱序弼是本地人,与庙委会诸成员都是熟人,故能更好地建立信任。

而且,这个想法与当时庙委会的会长王克华一拍即合。王克华不同于传统的陕北乡民,这位曾经的教书匠和成功的商人,对留名于世有强烈的渴望。他曾对记者说:一个人活在世上总得有自己的追求,自己奋斗的目标。总之,人活着总该给世间留下点什么才对头。因此,他有强烈的动力推动庙会的发展。

陕北风沙大,政府也一直提倡治理水土流失,如果庙委会能把周围环境搞好,既能给周围老百姓做个样板,也能给榆林做个样板。这是王克华心里的盘算。于是,由庙委会出资、林科所出树苗、朱序弼提供技术支持,首个民办的黑龙庙山地树木园于当年正式成立,第一期租用了600亩后边村民的土地。如今这周围山上的一片绿荫正是当年所栽种。

山地树木园的创办为黑龙庙带来了巨大的声誉。1991年,朱序弼在中国植物协会的学术研讨会上介绍黑龙庙山地树木园的情况,得到媒体的关注,之后国内外专家慕名来访,使得黑龙庙声名远播,并多次获得政府的表彰,而王会长随后也经常受邀出国参加各种会议。更为深远的影响则是,黑龙庙的成功,带动了榆林地区的庙会兴办绿化事业的热情。虽然兴办植物园对庙会的收入没有影响,但所带来的社会影响和政府的认可,有助于民间庙宇获得社会合法性。此后,陕北民间庙宇自办的民办植物园如雨后春笋般涌现。2002年,朱序弼联合一些有识之士,发起成立了"黄土高原国际民间绿色文化网络",参加的庙会和群众社团多达56个,生态治理面积达5万亩。如今,这些散布于榆林乡村地区的一座座民间小庙,已成为陕北黄土高原上一道道亮丽的绿色风景线。

### 三、九村共治的雏形

山地树木园的创建,将庙会带入地方公共事务的领域,回应了地方的公共需求,尽管这已超出传统信仰的范畴,但为庙会赢得了广泛的社会声誉,为其发展创造了有利的社会和政治环境,这无疑为庙会下一阶段主动介入地方公共事务提供了借鉴。

黑龙潭庙会是一个典型的因民间信仰的纽带而形成的地方共同体,其内部有着自发形成的组织结构。庙委会由9个参与重建的村庄的村主任和村书记共同组成,伴随地方基层行政组织的更替,五年一换。会长由庙委会成员共同选举产生。从庙会作为地方共同体的性质以及庙委会的组织结构即可看出,地方公共事务很自然地便会成为庙委会所关注的重点话题之一。而地方上迫切的需求与庙会自身对合法性的追求则成为庙委会参与地方公共事务的重要助推力。

村民委员会作为自治组织,原本应承担起村庄公共服务的角色。但分田到户之后,当地农村的村集体经济普遍瓦解,而财政拨款有限,过去由村集体负责维护的公共基础设施难以为继,水利设施老旧,道路、电网急需改造。伴随着农村经济的发展,村民对教育、医疗和社会保障的需求不断增加,如孩子就近上学的问题、老人的医疗保险、贫困孤寡老人的救助等。作为地方共同体的庙会组织自然无法忽视这些迫切的现实需求。

随着庙会经济的发展,黑龙潭庙会的香火收入每年已达到上千万的规模,除去举办庙会、庙宇维修和扩建的开支,每年都有大量结余,雄厚的经济实力使得庙会承担地方公共事务成为可能。而由于黑龙庙属于这九个村庄共同所有,其收入自然具有公有的性质,这些收入的使用则须体现共同体的公共意志,而投资于地方公共事务,既能切实改善地方公共服务水平,又符合信众所持有的"神神收入为周围群众"的价值观,因而能得到信众的认可和支持。

在这些因素的综合作用下,黑龙潭庙委会自1993年以来便坚持资助当地的公益事业。据学者的调研,庙委会资助的项目涵盖教育、基础设施和社会保障等方面,受益对象以庙会所辖的九个村庄为主。

教育是庙委会公益支出最大的领域。1995年,在村民多年呼吁下,由庙委会捐资,红柳滩村提供土地,政府配套部分资金,创办了一所设施齐全的完小,解决了村民就近上学的问题。2003年,因学生人数增加,地方中学入学压力加大,农村学生普遍面临上中学难的问题,于是庙委会又出资将黑龙潭小学扩建为占地38亩的标准化完全中学,可同时容纳2000名学生。学校实行理事会领导下的校长负责制,教师实行聘任制,日常运营经费全由庙委会提供。鼎盛期学校有教职工100人。对于黑龙庙所在的九个村的学生,黑龙庙中学免收住宿、取暖等费用,伙食费自理。对于非南片九村的入学学生,则要根据入学时的成绩收取一定的学费。对品学兼优和贫困家庭子女,黑龙庙中学也有实行奖学金和减免学费制度。现在由于学生人数锐减,黑龙庙中学已停办,但小学仍继续运营。此外,庙委会对于镇川镇范围内的小学和中学都有长期的捐助。几十年来,他们先后资助朱家堡小学九万余元,捐助镇川中学十五万元,用于改善教学条件,同时资助榆阳区、米脂县等地的若干优秀学子十多万元,作为贫苦补助。

庙委会第二大公益领域是对当地村镇基础设施建设的出资。庙委会资助的项目,涵盖水利、道路、电网等,资助范围主要在这九个村庄。

第三大公益领域是资助九个村的村民购买医疗保险。自2009年开始,这已成为庙委会的常规性福利支出。

对于每年公益项目的支出,庙委会有一定决策机制。对村庄基础设施的资助,每年各村根据自身的需求向庙委会提出申请,资金额度在一定范围以下的,会长可决定,若是超出一定范围,则会长需与庙委会诸成员共同商量决定。涉及与九个村庄均相关的公益项目,同样须由庙委会成员共同商量并做出决策。

这一机制俨然酝酿着九村共治的雏形,它对于当下农村公共服务体系的构建和多元共治或可提供不少有益的启发。农村公共服务的合理布局,公共资金的使用和管理,如能与这种自发形成的地方共同体的自治相结合,上有"神灵"的监管,下有信众的监督,再辅以良好的内部治理与适度的政府监管,则无论公共资金的使用与管理,还是公共服务的公平与效率,都能得到更好的改善。

## 四、结语

对社会需求的回应是民间自组织存在的天然合法性。现实功用性是民间信仰的本质特征,其仪式与信仰活动是地方社会的公共事务,且与解决生产生活的具体问题密不可分,传统庙会组织应此需求而产生。

随着时代变迁,传统的祈雨仪式因水利设施的改进而变得不再必要,而经济的发展和生活的改善催生了新的社会需求。在这样的背景下,黑龙潭庙会由一个传统的民间信仰组织转型为一个具有民间信仰背景的地方公益机构,持续地为地方公共服务的改善做出卓越的贡献,既是其自身为追求新时代下的社会合法性而做出的努力,也是其成功回应地方社会的公共服务需求而自然演变的结果。而在此过程中,与各种外部组织和专家的互动则为庙会的转型提供了良好的催化剂。与此同时,庙会在转型中也催生了新的民间自发组织,如前文提到的由多家庙会和群众社团组成的"黄土高原国际民间绿色文化网络"的创建即是基于黑龙庙山地树木园的基础。

虽大多传统乡村庙会组织仍处于公共功能萎缩之阶段,但仍可不时看到新的趋势在涌现。为获得新的社会合法性,主动参与地方公共事务,回应地方公共服务的需求,正在成为越来越多的庙会组织自觉或不自觉选择的路径。如广西融安县古营村的娘娘庙,为了更好的发展,通过参与捐资助学、慈善救助等社会慈善活动,资助村里架桥修路、维修电视差转台、承办农业讲座、赞助村民代表大会等社区公共事务的方式,寻求与社会的衔接。又如长沙县果园镇山河村石湾组的华佗庙每年从收入中拿出1.2万元做社会公益事业。

当然,这种转型仍在进行中,如果各种民间传统自组织、新兴的民间自组织与村"两委"及地方政府之间,最终能在地方公共事务的治理中形成多元力量参与共治的格局和相应的机制,或许这才是残存的宗族、庙会之类的传统自组织转型的终点。

这些趋势提醒我们,对这些传统自组织,应当予以更多关注,而且有必要对它们如何回应地方社会的公共需求、如何引导多元力量在地方公共事务中形成多元共治的格局与机制等,进行更深入的研究,激活这些传统民间自组织的社会功能,促进乡村社会健康有序转型。

## 第五节 面花:日常生活里的美食与礼仪[1]

"面花"当地人称"礼馍",是亲人之间一种念想的表达,也是人与人之间连接感情的纽带,是一种精神寄托。它既是美食,又承载着民间各种礼仪,是"礼"的物化、形象化、艺术化的产物;是民间巧妇用艺术化的手段把意象思维形象化的一种表达方式;具有极强的"礼"文化传播与社会教化功能。时代变迁,礼仪淡化,各地面花虽然也受到了一定影响,但是华州面花因其承载着人们对生命的敬畏与礼仪民俗的精神信仰,至今还基本坚守着它原有的讲究和内容,在城乡人们的生活习俗中依旧发挥着它的礼仪功能与文化价值,寄托着人们的希望与祈盼,担负着真、善、美的使命。同时也应看到背离了文化

---

[1] 本节为原创文章,作者张韬,陕西民俗摄影协会副主席,长期从事皮影、面花等民俗事项的追踪拍摄工作。

"内生性"的所谓"创新"正在使面花日益失去其作为食品的本质,也失去了最具文化价值的礼仪性内涵,其作为亲人间的思念表达的媒介功能不见了。当前,面花的制作多以"大、繁、花"为主,已成为一种纯粹的工艺观赏展品。

张 韬

编者按

"面花"当地人称"礼馍",是亲人之间一种念想的表达,也是人与人之间连接感情的纽带,它承载着民间各种礼仪,是"礼"的物化、形象化、艺术化的产物;是民间巧妇用艺术化的手段把意象思维形象化的一种表达方式;具有极强的"礼"文化传播与社会教化功能。冯骥才先生曾经说:我们的民间文化是民族凝聚力的沃土,也是一个辽阔的磁场。民族的凝聚力在民间就是一种亲和力,内含着共同的生活愿望,美好的人际关系,高尚的生活准则,以及优良的行为操守与道德传统。所以说,真正意义上的民间文化传统就是民族精神的传统。

面花,大半个中国都有,在陕西关中东府的古华州一带更为盛行,在古代农耕文明时期就与百姓结下了不解之缘。

## 一、作为美食与礼仪的面花

面花是文化艺术界的专家们赋予它的官名(公用名)。最早,民间美术界的专家们称其"面塑",后来又改为面花。因此,在后来的书面应用中大家都约定俗成地称其为面花。但是,在华州当地人们至今还称其为"礼馍"或"花花馍",如同小孩在娘怀中吃奶时老人给他起的乳名(小名),叫起来既亲切又淳朴,也凸显出面花的文化礼仪内涵与食品功能。

中华儿女长期以来是靠五谷杂粮维持生计,在漫长的历史岁月中,中国农村一直处于贫穷落后的状况,人们一直在生活中挣扎、呼唤,祈求家族兴旺,幸福平安!把希望根植于各种精神寄托,在梦想与期盼中艰难地度过坎坷人生。

## 第二章 内生性原则——释放农民生活世界的正能量

20世纪60年代,中国农民能吃上白面馒头是一种十分奢侈的梦想。那时候白馍只有少数人家的小孩或特别年长的老人才能享食,在红白喜事中如果有白生生的礼馍,总会被一抢而空,如今,宴席上花花馍一端上席桌仍然是被一扫而光的稀罕物。这种现象并不是因为"物以稀为贵",而是千百年来人们在心灵深处一直把礼馍视为一种吉祥物与生命的保护神。

礼馍是用上等麦面模拟各种花、草、果、蔬、虫、鱼、鸟、兽捏制而成的蒸食品。逢年过节、亲戚往来、一年四季、岁时节令,以及生、婚、寿、葬,宗教活动、民间祭祀、建房乔迁等人生大事中都要捏礼馍送礼或祭祀。礼馍不仅是一种美食,而且是一种极具礼仪性文化内涵的礼品,在各种礼俗中居所有礼品之上。身居礼仪之邦,应为礼仪之民。知书达礼,待人以礼,是中华民族的一个基本素养。任何社会的交际活动都离不开礼仪,而且人类越进步,社会生活越社会化,人们也就越需要礼仪来调节社会生活,礼馍就像一把调节社会生活的钥匙。千百年来乡村的百姓一直恪守祖辈传下来的各种礼仪、道德、亲情关系和信仰,正是这些信仰与情感支撑着每个人度过了自己的人生,因此人们在心目中把礼馍看得极为重要。

华州礼馍中的"来往馍"充分体现出人们在社会活动中文明的生活准则与和谐的人际关系,起着今后两家关系继续保持来往还是逐渐淡化的暗示作用。在亲戚来往中若相互留下了来往馍,就表示双方关系正常,继续保持来往;在这一基础上亲戚双方不论家有任何红白喜事都要邀请告知对方,如有一方失约,会被大家认为是不懂礼数的异类;若有一方不送或不留来往馍,那就暗示对方可能要淡化与你的关系甚至不再与你来往。从此,不论双方有什么红白喜事,都有权选择送礼与否。也不论选择如何,双方都不能有所强求,因为已打过招呼,有礼在先。这种亲戚来往的淡化与终结有些是因辈次的递进而使得亲戚关系渐行渐远。

亲戚的远近、辈次的高低、事件的性质等都有严格的礼馍区分。在乡村不懂礼馍文化的人被老人们视为不知礼仪之人。以前,乡村谁家办红白喜事都要在村上请懂礼数的老年妇女帮忙,她们会根据主人家和亲戚的远近与辈分收礼留馍。收礼留馍是一项极为重要的工作,弄错了不仅会被人笑话,而且还会影响亲戚关系。过去在每个自然村庄中都有一些会捏花花馍的能手,谁家有行门户的事儿都会请那些巧手妇女帮忙捏礼馍。那些乡村能人不只具有捏礼馍的技术,也是村上最懂礼数的文化乡贤,你只要把亲戚关系与事件告诉她们,她们就知道该制作什么礼馍,而且还能头头是道地讲出其中的缘由与含义,自觉地行使着礼馍文化的传承使命。在这一过程中她们若发现谁家的女孩或年轻媳妇有捏花馍的兴趣特长,往后谁家再有捏馍的机会就会带她们去帮忙,并收其为准徒弟。许多乡村传统文化技艺其实就是这样一代一代地传承至今。

农村妇女制作面花馍,张西昌提供

如今,健在的老太太们大多年事已高,年轻妇女外出打工,少有人学捏馍的手艺了。近年来在非遗保护倡导下乡村出现了许多制作销售面花的商业蒸馍铺,替代了老一代面花艺人。但由于多数蒸馍铺老板不懂礼馍的文化内涵与严格的礼仪讲究,为了商业竞争把礼馍变成了浓妆重彩的工艺品,既破坏了礼馍的可食性功能,又失去了礼仪性文化内涵,甚至影响了亲戚之间的关系和谐。有一位乡村老大娘曾对我说"礼馍就是亲人之间的一个念想",这句出自内心的朴实语言不仅显得十分接地气,而且让我在心中产生了一种说不明道不透的情感纠结,觉得既准确又深刻地表达了深藏于她们内心的那种对亲人的思念情怀。花钱买礼馍看起来是一种市场需求,只要有钱,固然方便,却失去了乡村生活中人与人之间的那种亲和力与凝聚力,礼馍若失去了亲人的心血浸染,就会失去人们赋予它的情感与灵性,当然,也就失去了人们的精神寄托与祈盼。

## 二、生俗面花礼仪

### 坐月子

在华州乡村,生了小孩第三天娘家母亲要带蒸的礼馍去看女儿和外孙。在医学落后的旧时代,女人生孩子是生死攸关的大事,因骨盆损伤和下身撕裂所造成的感染使女人承受着难以启齿的痛苦。所以,娘家母亲要蒸"合骨馍"看望女儿,祝愿她早日康复。婴儿的生命更是脆弱不堪,难逃"四六风"之劫,于是外婆要蒸"曲连馍"把娃拴住,同时还得蒸一对卧老虎或锁牌用红线拴住放在小孩枕边或套在小孩脖子上,有守护与拴住生命之意。第十天娘家再送一百个"钇钇馍(落甲馍)"给乡邻分享,以此庆贺孩子平安地渡过了"断脐"之关。据说,从前因脐带感染很容易使孩子夭折,四至六天是最为危险之关,俗称"四六风";在正常情况下,七至十二天被剪脐带的伤口结痂脱落,便是保住了婴儿生命。看十天就是庆贺"落甲",象征着生命的蜕变。现在许多地方把落甲馍的内涵已演变成了接种天花疫苗后的落甲庆贺,这是因医学的发展而形成的新民俗。

### 庆满月

小孩生下来满一个月前后要择吉日"庆满月",庆满月也称"贺满月"。庆满月是人生降世的第一次大庆,对主人家来说是大喜事,其盛况仅次于婚礼。

庆满月时所有亲朋好友都会被邀请，尤其在其他事俗中曾留过主人家来往馍的亲戚更不能缺席，亲戚除了来往馍，还要按辈次关系蒸所规定的礼馍。舅家和老舅家要蒸谷卷(古代称"馎飥")。谷卷由虎头、龙身、鱼尾三大部件组合而成。长期以来中国民间崇虎，宫廷崇龙，把这些相互矛盾的文化融合在一起，象征着威武、强大与繁衍。另外还要蒸一百个蒸馍一个花瓶，以此代表"高馍盘"。姑姨家也要送谷卷、抬食箩，食箩内有道喜的包子和云云馍，还有衣料等礼物，当今已不送高馍盘了。女性亲戚都要到月房给婴儿拴"瞌睡钱"，瞌睡钱有的是用礼包封好放在婴儿枕头下，有的塞在娃的袖筒里，但外婆必须将瞌睡钱用红线绑上拴在娃的脖子上。钱为金，金能压邪，有扶正、驱邪、压惊之意，祝愿婴儿踏实睡眠，平安成长。庆满月这天，院子里搭棚摆席热闹非凡，是亲朋邻里欢聚交流的机会和平台。过去有钱人家还请人演皮影戏或大戏为满月助兴。

### 送灯玩灯

每年元宵节前舅家要给外甥送灯，送灯时舅家要蒸一对"坠灯鱼"和"茧茧馍"。给三岁之内的小孩只送"火蛋灯"，火蛋灯是个很小的灯样儿，是火种的象征，不能点蜡，因为小孩生命脆弱，意为要像古人保护火种那样呵护他的生命。四岁以后开始送各式各样的花灯，如莲花灯、纱灯、鱼灯及以十二生肖为内容的各种灯。小孩长至十二岁要办"成丁礼"，当地称"玩灯"或"完灯"，有结束送灯之意。玩灯当天干爸要给孩子开项链锁，同时和舅家一样要蒸礼馍抬食箩送大礼，食箩架上搭有布料、服饰和一对大纱灯或宫灯，食箩中有一个大谷卷，一对大鱼，一对茧茧馍。茧茧馍是在蚕茧的形状基础上加上了翅膀和蛾头，意为人生蜕变，象征着孩子的成熟与独立。

### 婚礼

婚礼是人生礼仪活动中最隆重的一项，所有亲戚都要筹备大礼。结婚时的礼馍是华州面花民俗中最为复杂繁盛的礼馍展示，如同一个民间面花展览。在婚礼中男方舅家仍然充当着最为重要的角色,也背负着最为体面而沉重的礼行,不仅要备食笋,蒸谷卷及各种应有的来往馍、油包子、小花花,还要用120多斤面粉蒸一对像华表似的高馍盘。

结婚谷卷与做满月完灯的谷卷大同小异,区别在于插花内容的变化,多为隐喻。常用以求爱—性交—繁衍为内容的鱼戏莲、鱼穿莲、莲生贵子,以及喜鹊探梅、孔雀戏牡丹等内容来表达对爱情的追求与对富贵生活的向往。

高馍盘是在农村和面的大斗盆中立上用竹箅子卷成的柱子,再把蒸好的各种礼馍分七至九层,用红线和筷子捆绑固定在柱子上。柱子高一丈(约3.3米)有余,直径为一尺五(0.5米)左右,每层礼馍的数量和内容各不同,从下往上第一层九个面花,每向上一层减少一个,顶部是个象征富贵的牡丹大花瓶,不过穷人家也有五层、七层之别。高馍盘所包含的面花内容非常丰富,各地不尽相同,有水担勾搭、蝙蝠、艾叶虎、菊花、石榴、葡萄、鸡、鱼等,寓意开花结果、莲生贵子、多子多孙、吉祥如意、年年有余、盘龙卧虎、任劳任怨、富贵有余、健康长寿、四季平安等祝福与美好愿望。无论内容与次序如何陈设布置,下边第一层必须是象征男女两家联姻结亲的水担勾搭,它是建立亲戚关系的初始与基础。

### 过寿

老人一到60岁子女就要操办酒席为老人过寿。60岁之前老人生日时子女也要为长辈祝贺生日,出嫁女儿也要蒸寿桃等礼馍,但这种小庆只限于家庭子女内部,上了60岁为大寿,往后每5至10年都要过大寿。大寿对所有亲戚和乡邻友好都基本公开,亲戚都要按班辈礼俗备礼馍。贺寿礼馍以寿桃为主,但孝敬长辈的油邦邦(油包子)和来往馍必不可少。礼馍只限于有血缘关系的亲戚之间,所以乡邻和朋友不送礼馍,可随意以烟酒、点心、水果、蛋糕等礼品表示心意。

## 三、节令面花礼仪

中国农历年的岁首称为春节,是中国人民最隆重的传统节日,是对未来寄托新希望的节日,也象征团结、兴旺。华州礼馍在年俗节日的人际关系来往中最为广泛与讲究,各家各户都要蒸礼馍走亲戚。每年腊月人们就为过年忙碌起来,家家户户都要杀猪、磨面、置办年货、剪窗花、蒸礼馍……有"拉骡骡,磨面面,蒸好礼馍好过年"的民谣。春节时礼馍中的来往馍发挥着最为广泛的交际作用,各家各户走亲戚都少不了来往馍。春节除了来往馍还有小辈看长辈的油邦邦(油包子);老人给小孩压岁的"花花"枣山;平辈之间的小馍;出嫁女儿结婚后的第一个春节娘家要给她蒸100个茧茧馍,其中60个核桃象征男娃,40个枣象征女娃。有民谣:六十个核桃四十个枣,娃子多来女子少。生下男娃是活宝,治家立业离不了。

清明节是面花种类最多的节日。面花内含丰富的社会生产生活,也包括生殖繁衍、忠孝思亲等人文观念。华州地区有蒸面花过节祭祖的习俗,全家人不论在家在外都要按总人数和辈分给每人蒸一个不同形态的老虎馍。给老人蒸卧虎,卧虎也称"福虎",象征老人后继有人,老了不再辛苦,晚年能享清福。给年轻人和小孩蒸"欢虎",欢虎也称"跑虎",除每人一个外还得多蒸一些送邻里朋友的小孩。若家有小孩身体虚弱或生病,就要蒸一对立虎在坟上祭献,祝愿孩子早日康复。立虎为祭祀面花,不得随意乱用。

除了老虎还得给成年已婚男丁蒸"柱顶石",也叫蛇盘馍,有能撑起家业的顶梁柱之意,从前还有"男人吃了柱顶石犁地不打铧"之说;给男娃要蒸"顶门柯杈""文房四宝",意为家有顶门立户的男丁和读书成才的后代;给女娃蒸"针线笸篮",内有针有线,有剪刀、锥子等用具,不过,以前清明上坟女娃不去坟地,因为民间有"女娃上了坟,娘家绝了门"的封建迷信之说。

上坟时要在柳树枝上挂上燕子小花馍,由小孩扛到墓地插在坟头上,这是因为有"坟前插柳,越插越有"之说;也有"柳木是避邪之物,防亡灵侵扰家庭"的说法;还有人说插柳的风俗是为了纪念"教民稼穑"的农事祖师神农氏。要给祖先做祭祀献饭,给小孩煮红鸡蛋,全部用食箩抬至墓地,等扫墓祭祀完毕后全体在墓地食用。另外,还有"滚老虎"的习俗,是把面花欢虎从坟头上滚下来,由男孩争抢,谁先抢到谁先吃虎头,象征将来能在家庭主事。据说,滚老虎还能预测生男生女,如老虎滚下来仰着,预示家中能添女孩,若老虎趴着能添男孩。

## 四、结语

随着时代变迁,礼仪淡化,各地面花也受到了一定影响,但是华州面花因其承载着人们对生命的敬畏与礼仪民俗的精神信仰,至今还基本坚守着它原有的讲究和内容。当前华州面花在城乡人们的生活习俗中依旧发挥着它的礼仪功能与文化价值,寄托着人们的希望与祈盼,担负着传承真、善、美的使命。在现代化和城镇化的进程中,面花民俗也随着人们的生活与居住条件的改变发生了较大变化,但在乔迁新居中,搬进商品楼的同时镇宅祛邪的立老虎面花也与人们一同走进了新居。在豪华酒店的婚礼上,面花仍然是一道亮丽的风景线,吸引着众多嘉宾,逐渐地形成了新时期的新民俗文化。

同时,我们也应当看到,背离了文化"内生性"的所谓"创新"正在使面花日益失去其作为食品的本质,也失去最具文化价值的礼仪性内涵,作为亲人间的思念表达的媒介功能不见了。当前,面花的制作多以"大、繁、花"为主,已成为一种纯粹的工艺观赏展品。少数掌握着话语权的媒体年轻人文化修养不足,有文凭没文化,对民间传统文化缺乏深入调查研究,所谓的采访往往是走马观花,极不深入,常有以讹传讹误导民众"为功"者,还有一些人把"非遗保护"看成是一种流行词、政绩捷径、发财之道……可悲可叹!

## 思考问题

1. 什么是乡村的文化内生性?
2. 如何从乡村文化传统中挖掘乡村的文化内生性?
3. 如何引导乡村内生性文化资源的自我传承与发展?

## 延展阅读

1. 沙垚:《乡村文化传播的内生性视角:"文化下乡"的困境与出路》,《现代传播》2016年第6期。

2. 何慧丽、万威:《从"祖灵祭"到"骂社火":现代化背景下乡村治理的内生力探讨》,《中共浙江省委党校学报》2016年第6期。

3. 沙垚:《人神交流:一种内生性的乡村治理机制——基于陕北小村"抬楼子"的民族志考察》,《当代传播》2021年第5期。

# 第三章

# 时代性原则——洞察当代农村的文化自觉

## 引言

沙垚

习近平总书记在哲学社会科学工作座谈会上强调,当代中国正经历着我国历史上最为广泛而深刻的社会变革,也正在进行着人类历史上最为宏大而独特的实践创新。这种前无古人的伟大实践,必将给理论创造、学术繁荣提供强大动力和广阔空间。这是一个需要理论而且一定能够产生理论的时代,这是一个需要思想而且一定能够产生思想的时代。我们不能辜负了这个时代。

本章我们共有五篇文章,或者说是五个案例。

广场舞是时代醒目的乡村文化活动。近十年来,广场舞蔓延到了中国城乡每一个角落,进而延展到全世界众多的华人社区。据2013年央视报道,中国可能有近亿人参与广场舞活动。2014年,美国有媒体称"中国广场舞大妈正慢慢占领地球"。广场舞何德何能,竟有这样的魅力,获得数以亿计的追随者?是什么样的精神与动力,支撑起中国大妈们如此的执着?或许可以在翩翩起舞中,明确当今乡村社会的结构性问题,进而找到应对的方法。

何慧丽教授长期致力于乡建事业,2003年起,她利用到兰考县挂职的机会,开始调研并开展文化合作社的试点,在此后整整十年内,以知识分子参与为特色的新乡村建设试验区不断发展和延伸。兰考县依托合作社建设进行一系列的乡村文化建设,以组织和制度创新的方式把留守在村的农民们组织起来,转化为乡村文化建设的积极能量,体现乡村振兴的时代特征。

当代的乡村振兴应从乡土文化自觉或者乡土文化本位出发,在全球化大背景下,中国农民在社团文化合作中倡导一种新型的文化和生活方式,为他们的生存处境和提高他们的生活质量"自主"地提供一种世界观、人生观和价值观。兰考县的实践充分证明了这一点。

赵月枝教授从加拿大归国,有感于乡村文化亟待振兴的现状,2009年她开始致力于研究"文化、传播与中国城乡协调发展",后来回到自己家乡,在一个浙西的山村成立了"河阳乡村研究院",开始了自己"从全球到村庄"的学术转型与实践。近年来,她尤为关注乡村春晚,农民群众从电视上观看春晚,到主动上台表演春晚,再到互联网直播,在彰显农民文化主体性与文化自信的同时,乡村春晚的实践具有深刻的历史文化和社会时代意义。

当代中国,城乡关系日趋断裂,但乡村春晚,通过在城乡之间流动的务工人员,重新打通了城乡的关节。赵月枝认为,乡村春晚诠释了国家与乡村之间新的精神纽带连接、村庄主体性的回归、农民的文化自信和对全面小康生活的追求以及党和政府在重建乡村文化领导权和引领精神文明建设方面的重要作用。这一以农民自娱自乐为主的文化形式,也彰显了文艺的业余性、大众性和非商业性特质。

互联网直播,也是一个不容忽视的乡村文化现象。一方面,我们可以看到普通农民在直播软件上通过展示乡村的日常生活,获得百万粉丝;另一方面,对农村、农民的丑化、异化、污名化等现象,也如影随形,一个畸形的乡村文化心理正在形成。如何看待新媒体和直播,它们究竟是赋权,还是减权?这是一个值得深入探讨的问题。

刘楠是一位在央视工作了十余年的资深记者,近年来开始关注乡村文化传播议题,她以乡村直播和"土味视频"为切入口,提醒大家不要掉进技术狂欢的陷阱,应看到其中的博弈与张力,希望在细水长流的实践中,真正表达出农民的时代自信,向五十年后甚至百年之后的农村人民展示当代具有主体性的农民形象。

总体而言,我们希望通过广场舞、文化合作社、乡村春晚、农民直播等组织和形式,洞察当代农村和农民的文化自觉。或许从这些具体的点进入,不仅可以真实地感受到当代中国大地、农村正在进行的文化活动,而且可以探知其背后的政治经济逻辑和价值意义,由此,或许我们可以将这种自觉性和时代性注入更多的文化形式和文化实践。

# 第一节 广场舞:20世纪集体主义的归来[①]

广场舞存在于中国城乡的每一个角落,获得数以亿计的追随者。广场舞"何德何能"受到如此青睐?编者认为,广场舞与当代社会结构发生了深刻的互动,是社会结构多重断裂的自我弥合,在资本主义的工业生产把人原子化、个体化、陌生化的同时,社会底层的工农群众却正在以重返集体主义的方式,建立新的社会联结。从这个意义上说,广场舞是底层社会救赎的一种文化实践。

沙垚

编者按

2013年,我在西安附近的一个村庄做田野调查,黄昏驱车回城,所经之处,无论是县城、小镇还是农村,都有人在跳广场舞,男女老少皆有,以中老年妇女为主。近十年来,广场舞蔓延到了中国城乡每一个角落,进而延展到全

---

[①] 本节改编自沙垚:《广场舞:20世纪集体主义的归来》,澎湃新闻,2016年10月20日。

世界众多的华人社区。据2013年央视报道,中国有近亿人参与广场舞活动。2014年,美国有媒体称"中国广场舞大妈正慢慢占领地球"。广场舞何德何能,竟有这样的魅力,获得数以亿计的追随者?是什么样的精神与动力,支撑起中国大妈们如此的执着?

## 一、进入公共视野的广场舞

有不少文章在追溯广场舞起源于何时、何地,均无明确结果。大略来说,当代意义上的广场舞是2000年之后的事情。大概在2009年前后,我的母亲就迷上广场舞,时年62岁的她让我为她与同伴们上网寻找可学之舞,当时广场舞的网络资源并不是太多,几乎没有高清版的视频。于是我用摄像机记录,并为她们制作了高清的光盘,这几个老太太特别高兴。2013年,她们其中一位因病去世,她的舞伴们说,有这个光盘传下来,也不枉她跳舞这几年了。

也正是2013年,广场舞一下子"热"起来,风靡全国。更为准确地说,是广场舞在公共媒体上"热"起来,成为热点事件。不是说在这一年,跳广场舞的人数激增,而是说,此前广场舞是被公共话语所遗忘和忽略的,原因在于掌握话语权的精英们并没有意识到这一现象所具有的新闻价值。换言之,底层民众发起的广场舞在社会精英那里,是被漠视的。

正因为此,广场舞及其舞者,是以极为负面的形象进入2013年的。且看当时的几个极端新闻报道:

2013年4月,成都一小区楼上住户因难忍广场舞音乐的困扰,一气之下向跳舞人群扔水弹;6月,苏州某小区内,一位业主不满楼下跳广场舞的声音,下楼与跳舞的阿姨发生冲突,打伤跳舞者,随后,业主还在楼下广场铺满碎玻璃和砖石;6月底和7月底,纽约日落公园跳广场舞的领队,先后两次被当地警方戴上手铐并被开出传票;8月,北京昌平某小区,业主甚至放出藏獒驱赶跳广场舞者,还开猎枪恐吓;10月,家住武汉某小区的陈女士和朋友们在小区楼下的广场上跳广场舞,突然从旁边楼房飞来了一大堆粪便,一群跳舞的人浑身被弄脏……一边是"套马的汉子,你威武雄壮",一边是"天哪!天都还没亮啊!你们这帮跳广场舞的还让不让人活啊"。在泼水的帖子后面,网友纷纷表示,"要是我,我觉得我会用墨水",也有人表示"用开水";在"泼粪"的帖子后面,网友留言"解气"……

在这一系列新闻中,广场舞及其舞者,成为"扰民"的代名词,被描述为现代社会的"他者"与"另类","是一种缺乏美感的噪声,跳广场舞的大妈是不文明的、低素质的、不具有现代公民精神的群体"。

从2013年开始,广场舞作为社会事件,一次又一次地登上了地方晚报、都市报的头条,制造了一个又一个让人哭笑不得的新闻。

## 二、广场舞背后的历史视野与社会结构

研究广场舞,有一个无法绕开、也必须回答的问题,即究竟是什么原因,让这么多的人参与到跳广场舞的活动中来?没有调查就没有发言权,2013年以降,以量化方法进行数据调查,成为研究成果中的重要一脉。通过量化问卷,研究者们希望知道参加广场舞的人的性别构成、年龄结构、收入水平、教育水平、参加目的、参与方式、参与频次、消费能力、场地选择情况、专业程度、培训情况、对健康的认知……通过这些调查,建立了包括全国绝大多数城市在内的数据库,得出的结论基本雷同,即参与者以中老年为主,性别失衡,多为女性;参与者学历不高,多为退休人员,月收入水平不高,但相对稳定;参与者以自发组织为主,参与人数逐年上升,某些地方也出现政府辅助组织管理,举办比赛,有专业教练指导等;参与动机多为身体上起到锻炼的效果,预防或减少疾病,心理上也使人乐观开朗;场地多为城市小区或小城镇广场,因而存在扰民的情况……其政策建议,无外乎加强广场等基础设施建设,政府介入,规范化管理,完善政策,减少扰民,同时多派专业指导,增加骨干培训,引进比赛机制……

这一类的量化研究同质化程度非常高,但不能说它们便没有意义,其价

值在于通过大量的调查,完成了全国的大起底,摸清楚了广场舞的发展现状。在此基础上,出现了另外两大支研究队伍。

其中一支,是站在政府宣传的角度,认为广场舞是贯彻落实党"群众路线"的一种方式,具有新闻效应和宣传价值,同时,广场舞增强了民众的文化素养及生活品位,能够推动社区文化建设,为群众的文化提供平台载体,帮助民众增强身体素质等。虽然这些实践者或学者的观念是在机械地建立广场舞与国家政策的关联,但客观上提升了广场舞的意义,为下一步政策的制定和执行提供了学术支持。一方面,文化主管部门将广场舞视为群众性精神文明创建的重要内容,认为广场舞是贯彻落实共产党"群众路线"的一种方式;另一方面,体育主管部门认为这是全民健身的运动项目之一,进而大力推广,组织全国广场舞大赛、巡演等。2016年,全国14个重点城市共有50085人同时跳舞,成功创造了新的最大规模排舞(多场地)吉尼斯世界纪录。不得不说,广场舞之所以能风靡全国,与政府的大力倡导密切相关。

另外一支,是学者站在中立的角度,用一些学术的概念来对广场舞进行理论包装。比如用马斯洛需求层次理论来研究广场舞,认为随着时代发展,人民生活水平提高,老年人也越来越注重娱乐休闲,广场舞应运而生,等等。虽然这些文章缺乏学术层面的理论深度,但首先学者们将广场舞作为研究对象,进行严肃的学术讨论,这与认为广场舞是低俗、愚昧的媒介形象有着很大的不同,某种程度上可以看作是为广场舞正名,是为广场舞去污名化、去妖魔化的过程。其次,他们将对广场舞的讨论从现象层面引向了更为深刻的历史和社会层面。比如王婕在硕士学位论文《同期群与广场舞的集体主义建构——基于S市三个广场舞场所的实地研究》中用"同期群效应"的概念研究广场舞,分析出其中的集体主义特质,并认为"当代的广场舞现象是一种50年代出生的人借助广场舞这一形式框架重构其集体主义理念的过程"。再比如李园在硕士学位论文《现代城市广场舞中个体的自我建构与社会互动研究——以沈阳市Y社区的广场舞团队为对象》中从自我建构和社会互动的角度切入,认为"广场舞作为传统思维与现代行为方式的缓冲地带,使得广场舞群体在社会转型过程中对社会结构系统进行调适",等等。

### 三、广场舞的政治化

广场舞与秧歌舞在表现形式上似乎很接近。周星在《秧歌舞/忠字舞/广场舞——现代中国的大众舞蹈》一文中认为,秧歌舞是群众自主发起的,民间喜闻乐见的,以追求热闹、红火为目标的,节奏感强、气氛热烈的一种大众舞蹈、民俗舞蹈,他还将之与文人士大夫、贵族阶层所欣赏的轻曼、灵动和飘逸的舞蹈进行了比较。从这里可以看出,广场舞与秧歌舞何其相似,只是它们各自诞生于不同的时代,具有不同的时代特点与时代功能。

在文人士大夫那里,秧歌舞是异类,丑态百出,或许他们根本不认可这样一种民间的艺术形态,一如今天关于广场舞的冲突。当年处理冲突的办法是,划定各自的生活空间,除非特殊邀请,秧歌舞大多只能在农村里面跳。然而,随着社会转型、人口流动,以及20世纪革命对阶级关系的重组,当代城乡生活空间高度重合,冲突不可避免,这是古代文人士大夫与贵族阶层所不曾遇到的。

研究大众文化的学者张慧瑜在《广场舞、群众文艺与公共空间》一文中将之界定为一场"争夺广场"的运动,表面上看,一方面是喜欢热闹和红火的跳广场舞的大妈要占领城市广场,用舞蹈娱乐,进行身体的表达;另一方面是喜欢安静的、追求个体空间自由的城市中产。两者在同一个物理空间的广场上发生了正面的碰撞。

但往更深处说,张慧瑜认为,前者是群众文化,在中国语境下,常常与共产党联系在一起,群众路线是党的重要方针,广场舞体现了社会主义的群众文化,是免费的、参与的、集体的。而广场舞所发生的场地——广场如戴锦华在《大众文化的隐形政治学》中指出,从五四以来,在中国也具有了政治属性,尤其是新中国成立以来,天安门广场从此具有了"人民当家作主"的政治表征。因此,广场舞的出现,是重新赋予广场以人民性和群众性。但对于后者,广场是购物广场、消费广场、美食广场的代名词,整个城市商场化,变成了消费空间,那么其行为规则需要遵循另一套话语体系了,在这套新话语中,私人领域是被捍卫的,强调个体的自由,任何喧嚣扰民的行为都必须被禁止,并被描述为"素质差"和"有毛病"的人。并以这套素质话语去对抗和否定汹涌澎湃的群众文化。所以,城市中产在"公共场合",更愿意举着手机上上网,看看微信,很少和陌生人交谈,没有任何广场式的集体的社会生活,也正是他们让公共场合"去公共化"。因此,这场冲突,可以视为小资文化与群众文化的正面碰撞。

第一批跳广场舞的妇女大多是"50后""60后",在其影响不断扩大的情况下,"70后""80后",甚至"90后"纷纷加入。因此,在我对赵月枝教授的访谈中,她提出"农村广场舞可以看成是获得社会主义现代主体性的一代女性带动年轻一代的日常文化生活实践"。换言之,广场舞是青少年时期经历过集体化、长在红旗下的一代妇女,凭借生活的经验,将集体主义重新以文艺的方式带回到日常生活维度的一种主体性实践。

她们为什么这么做?为什么她们不再像1980年代、1990年代的"沙发里的土豆",一个人躺在家里看爱情肥皂剧?

农村广场舞大妈合影,沙垚提供

因为社会遇到了危机,而集体主义的文化活动或许可以为解决这些危机提供一种可能性的方案。王芊霓2015年在《文化纵横》上发表的《污名与冲突:时代夹缝中的广场舞》,意识到了当代中国社会结构的多重断裂,并将广场舞置于这样的背景下,作为一种消弭社会结构性危机,塑造多元包容文化价值体系的可能性。沿着该路径,黄勇军和米莉出版了《喧嚣的个体与静默的大众——广场舞中的当代中国社会生态考察》一书。这本书较为系统地分析了"诸如理想主义的破灭、集体时代的残留记忆、城市化进程、商品房小区、人口高度流动、陌生人社会、空巢家庭、原子化家庭、老龄化社会、公共设施缺乏"等社会问题,并认为广场舞"有效地填补了社会与心灵的双重真空地带",是"断裂时代的自我弥合"。

## 四、集体主义归来

人民群众,尤其是中老年妇女,为什么选择了广场舞作为弥合社会断裂的方式?为什么偏偏是广场舞——发生在广场上的群众的集体性舞蹈?这有着什么样的深刻的历史根源?或者说,作为"办法"的广场舞能够调动怎样的历史与现实资源?站在广场舞的视角,如何看待未曾远去的20世纪历史与当代实践?如何回答这些问题,不仅关系到广场舞的未来,还关系到能否解决小资文化与群众文化的内在矛盾。

对于这个问题,在黄勇军、米莉的《喧嚣的个体与静默的大众——广场舞中的当代中国社会生态考察》中,有过明确的表态,"至此,我对广场舞的基本态度,已然明了"。即,一方面,他对广场群体"充满同情并理解";另一方面,他用西方的"个体自由"否定了广场舞所表达的"群体自由"。更为有趣的是,否定广场舞之后,如何解决大规模城乡人口流动带来的精神焦虑呢?他提出可以借鉴欧洲"现代农夫"的方式,即在城市中寻找空地种菜,或者到城市周边种菜。

底层民众无法和知识精英、政界要员和商业大腕在公共媒体平台上平等地分享话语权，但他们总是要表达的，更何况是经历了中国革命和社会主义实践，已经获得文化主体性的农民群体和普通市民。于是，他们选择在实践中，用行动来表达，从这个角度来说，广场舞是当代底层民众的一种"史诗般的表达"，通过这种方式，他们表达了与知识分子迥异的对中国20世纪历史的态度，以及在当代对社会主义、对集体主义精神文化的诉求。相比于知识分子，他们显得更为冷静、客观与宽容。

广场舞是当代中国底层民众自发的文化选择，是一种告别个体娱乐、重返集体主义的文化与表达形式。他们为什么做出这样的选择？又是如何通过这种选择不断调动他们仅有的历史与当下的资源，试图对断裂的社会结构进行自我救赎？对这些问题的不断追问，有助于我们理解20世纪的中国历史，也有助于我们理解底层人民真实的内心世界。如刘岩在《历史·记忆·生产——东北老工业基地文化研究》一书中所说，他之所以要再现和讨论"东北老工业基地历史的各种文本与文化现象"，是希望可以"最终抵达对蕴含社会主义经验的文化生产的未来可能的尝试性探究"。同理，我们今天讨论广场舞与20世纪历史，也是企图肯定并强调这种历史的延续性，并从中找寻面向未来的新的乡村文化发展道路的可能。

## 五、结语

2016年中秋节，我和我的岳父岳母一起度过。月上中天，清凉如水，喧嚣的小镇终于安静下来，连国道上的大货车都不见了。我们全家人陪着岳母去跳广场舞，在一个中药店的门口，约40多个妇女，在音乐中起舞。年纪最大的有80多岁，她已经不能跳舞，只是动动胳膊，动动腿，也算是锻炼了；年纪最小的是十几岁的中学生，放假回来，跟着妈妈来跳舞；旁边还有10来个两三岁的孩子在一个土坡挖石子儿；更有卖小玩具、小零食的"货郎担"……

## 第二节 兰考：建构基层的文化合作社[①]

随着改革的不断深化，乡村振兴的浪潮正促进着农村社会经历一场轰轰烈烈的社会变革和制度变迁，在城乡利益关系、农村权力结构和农民利益诉求保障等多方面因素影响下，农村合作组织应运繁荣，这既是社会发展的必然要求，也是社会文明的标志，河南省兰考县农民合作社堪为代表。在何慧丽、温铁军等老师的引导下，兰考县农民合作社按照自愿联合、民主管理的原则，以大众文化为根，以形成农民的生活价值系统为基础，以组织和制度创新的方式把留守在村的农民们组织起来，把劳动者的积极性调动起来，转化为乡村建设的积极能量，有效地促进了农村社会经济文化的可持续发展。

何慧丽、程晓蕊、宗世法

编者按

兰考县地处豫东平原，位于河南省的东部，邻接山东省，西北濒黄河，属开封市，总面积1116平方千米，1954年由兰村、考城二县合并设置。陇海铁路及高铁和兰南、连霍高速公路经此。兰考县是一个农业县，以种植小麦、棉花、花生为主，在县西部临近黄河的乡有水稻生产。作为豫东平原上的国家级贫困县，兰考的经济以传统农业为主。农民生产规模小，专业化程度低。

2003年7月始，中国农业大学与河南省开封市进行为期长久的"市校共建"合作计划，中国农业大学人文与发展学院教师何慧丽被下派到兰考县当挂职副县长，协管该县农村发展工作。2003年7月，何慧丽花了半个月时间，调查了兰考县16个乡镇的经济、文化、社会状况。在北京、郑州、开封等地的大专院校知识分子倡导下，她提出在该县搞"小康村"试点的想法，得到了开封市、兰考县主要领导的肯定。

---

[①] 本文改编自何慧丽、程晓蕊、宗世法：《当代新乡村建设运动的实践总结及反思——以开封10年经验为例》，《开放时代》2014年第4期。

以兰考县为乡村建设运动主要试验场的开封市地区,其新乡村建设试验最初的设计为:以村庄为基本单元;以村民生计为本,即以村民的增收和节支、生活福利的提高为要务;以合作组织为纲,即以促成村庄的文艺队、老人协会、经济合作社等为关键,以"合作"之纲提领"村民的生活福利"之要,改善村庄治理;以大众文化为根,即以发展秧歌、腰鼓等农民喜闻乐见的大众化文艺为形式,并以形成农民的生活价值系统为根基。希望以组织和制度创新的方式把留守在村的农民们组织起来,把劳动者的积极性调动起来,转化为乡村建设的积极能量,有效地促进农村社会经济文化的可持续发展。

2004年底,由中国人民大学教授、著名"三农"问题专家温铁军先生倡导,何慧丽教授具体操作,按照自愿联合、民主管理的原则,在南马庄、胡寨、贺村、陈寨先建立起来了四个合作社。在此后整整10年之内,随着何慧丽挂职职务的变化,以知识分子参与为特色的新乡村建设试验区不断发展和延伸。

## 一、发挥老年人的聚合作用

从农民合作社建立初期开始,就通过文艺活动、培训等形式进行思想发动,在管理上强调精神建构,其中特别是集体化时期的一些老年群体及其经验发挥着巨大的聚合作用。

以村社为基础单元的集体化实践,其一大结果是在农村仍存留大公无私、走群众路线、有技能、有热情为社员服务的一些退休老干部、老党员、老模范、老教师和乡村医生,他们有经验,也愿意在一定条件下为乡村建设发挥余热,最终促成了兰考农民新合作文艺队进京演出(2005年7月15日—16日),这在本质上反映了合作起来有力量的新式农民精神风貌在首都高校师生和市民面前的自信展现。

2007年11月后,各种社会参与的乡村外发力量,以及体现政府主导作用的各类涉农部门力量的介入较早期逐渐加大,农民内生性力量的主动性也渐趋明显。2008—2009年,以李村为核心的老年人协会,在县民政局、中国滋根乡村教育和发展促进会的支持下,在以赵凤兰为首的集体化时期老干部的积极带动推广下,辐射到整个阎楼乡近十个村庄,以及周边3个乡镇(小宋乡、红庙镇、许河乡)的若干村庄,十余个村级老年人协会及其文艺组织得到成立和发展。2008—2009年,东坝头乡在乡党委和乡政府主导下,在中国滋根乡村教育和发展促进会的资助下,成立了15个村"两委"主导的村级文艺队和老年人协会组织。该乡两届乡党委书记从2008年起,每年的春节前夕举办乡村农民文艺表演比赛,其中何慧丽参加的有3次。

以文艺组织为复兴村庄文化的组织载体形式和以老年人协会为社会稳定的组织载体形式,解决村民文化需求和村庄社会稳定的问题。王继成是当地的创业致富能人,他的人生历练成为合作社的"隐性资本",他着力扭转农民的思想观念,坚持开会学习,创造有利于农民合作的文化氛围和公共舆论。各个乡镇或村庄也形成了以三义寨乡蔡楼村的任强、三义寨乡南马庄的张砚斌、堌阳镇的侯彦春和张睿胜等种养能人为中心的关系网络,这使得知识、信息、技术和创新等在各个以不同类型能人为中心的关系网络中快速地流转。

## 二、吸引高校师生参与乡村建设

高等教育领域为乡村文化建设锻炼了主力军,培养了后继力量。

随着中国经济发展的强大,也出现了一批愿意以"知行合一"的姿态探寻中国"理论自信和道路自信"的高等院校师生们。他们愿意呼应一系列扶助"三农"的制度政策举措,在社会现实的复杂张力和可能条件下,积极参与到乡村建设和中国建设试验中去。他们愿意以乡村总体性社会以及新乡土主义兴起为实践目标,在社会实践中全面理解乡村的生态、生产和生活的现实特征与变化规律,在改造自身的同时做一些学术试验和研究工作;愿意为一些社会重大问题,诸如作为中华民族文明根基的农业如何可持续发展,作为国家政权和人民生活所需要的乡村治理如何才能实现,以及作为乡村地域社会的成员如何才能自尊和体面地活着,等等,提供政策和理论层面的经验教训。总之,一条新的学术路径和新的社会进步方向能够日趋明晰,有赖于多类型的农民合作试验,区域性城乡互助合作、一体化发展试验,多样化生态农业试验,城市文明消费者合作社试验……实现理论、政策、试验经验三个层面的密切互动。

其中,因应对1997年东亚金融风暴所造成的失业压力而扩大规模推行教育产业化所暂时蓄积的高校年轻人,一方面学校里的分科专业教育使得他们对乡土社会实践教育心向往之,另一方面,由于毕业之后因社会经济的结构性局限导致"毕业即失业"现象,何志雄在《当代中国的新乡村建设》中指出"高校青年前途渺茫却无以自救,遂使更多学生寻求另类思考和探索另类出路"。于是乎,在一些有危机和先知意识的知识分子的支持和呼吁下,"越来越多的青年学生受此影响,纷纷走出校园,参与下乡实践,了解社会,关注现实,塑造自我"。

此外,大禹论坛隆重开讲,其首讲主题是"黄河文明与新农村建设",意义有二:一是新乡村建设运动要借鉴中国古代史上大禹治水的疏导、统筹之法,以地方党政为主导,以农民为主体,知识分子等全社会来参与;二是新乡村建设运动意欲通过借鉴民国年间梁漱溟的思想和经验,一直追溯到几千年黄河文明中去汲取农耕文明社会的营养。

2011年7月,由河南大学"三农"发展研究会、中国农业大学社会学系等高校"三农"志愿者50余人一起,在开封市团市委的指导、协调下,开拓了开封市尉氏县岗李乡4个村庄,作为尉氏县的新乡村建设试点。2012年春节时,以河南大学"三农"发展研究会以及中国农业大学大学生志愿者团队为主要力量,在通许县、开封县(今开封市祥符区)开创了"参与式调研""集体伙食改革"和"乡村情景分享朝话"等发现乡土性的新型支农支教活动,以强调乡村建设工作中的"三位一体"落实状况。所谓"三位",是指外来者的调查研究、乡村建设行动和自身建设缺一不可;所谓"一体",是指这三种行动任务统一于发掘村庄价值、践行乡村建设大道的事业之中。2012年暑假,来自西北农林科技大学、中国农业大学、河南大学等高校的"三农"志愿者团队提出了"到田野做学问,向社会学知识"的下乡宗旨并赶赴兰考县、杞县践行之。2012年暑期之后,何慧丽接触到了以弘扬传统优秀文化为目标,以"敦伦尽分,克己复礼"为宗旨的开封市敦复书院。她认为在经济发展仍然在河南地区占主流的情况下,以知识分子为参与力量的当代乡村建设运动,应该在以"人民生计为本、合作组织为纲、多元文化为根"的经验基础上,在践行以传统乡土文化复兴的层面上有所作为,而农民合作经济等领域若能有大幅进展,主要还在于思想文化的提升和对人的培养教育,在于"以孝为先,以德为本,义行天下"。于是她便有意引导高校"三农"社团下乡目标和内容的转型。这一乡村建设地点、内容、方式的转型期存在于2012年下半年到2013年上半年。

在由敦复书院培训了部分大学生骨干力量之后,河南大学、中国农业大学等高校"三农"社团力量便有序被引入豫西灵宝市农村地区,以在村庄开展农村道德讲堂、联合一些儒商力量开办弘农书院的方式,以"尊道贵德、和合生态"为宗旨,继续探索当代新乡村建设事业。

### 三、引导中产阶级的消费观念

培育和加强区域内的省城或者经济发展强劲的大中城市里不断崛起的中产阶级对安全食品自觉消费的意识,并且在条件具备时以引领社会文明消费潮流的方式来促进它的生存和发展。

伴随着工业化、城市化迅速推进而日益崛起的城市中产阶级,他们的数量已达四亿左右。他们中的一部分人早已在生活质量和人生追求上有更高的理想,面对社会普遍暴发食品安全问题和环境污染问题,他们有追寻出路的强烈愿望;他们中的一部分人,也是改革开放以来的新兴企业家群体,大都以同乡为单位形成城市同乡会,有回报家乡的意愿、情结和能力。这是大中城市里可能参与乡村建设的一支有效力量。

关于开封市和郑州市等地级市和省会城市的文明消费者教育项目和公平贸易机制的探索主要有：2011年一年内,由北京师范大学谭思婷教授团队为开封市城市消费者群体和兰考县村庄农民合作社所在的村小学师生们,做了一定的消费启蒙工作;2011年8月—9月,在何慧丽的协调组织下,以兰考县4个合作社、尉氏县2个合作社等农民经济组织为理事单位,以郑州兰考商会与郑州文明消费者志愿者一起,成立河南郑州国仁超市机构。国仁超市提出"文明消费(健康+公平)—自然农法(土地+种养)—健康生活与和谐社会"的理念,在开展国仁论坛、发动郑州有机小市集、促成生产者与消费者面对面等方面做了一些探索性的活动工作,成为从生产者合作起来自觉行动进展到市民消费者自觉践行公平贸易机制的一个新平台。

### 四、激发外部社会力量

充分激发外部力量对乡村建设的积极支持和有效参与。

"外发促内生"与"内引促外联"相结合,一盘散沙的小农很难自发地合作起来,它既需要"外发促内生",即外部环境的改善,以及外力的适当介入,包括政府各级涉农部门、涉农企业、供销社、信用社、NGO等各种力量;也需要"内引促外联",即自觉地、自下而上地吸纳和整合有效外部资源。当然,除了党政的主导作用之外,还有供销社、企业、信用社等的服务性作用。

比如兰考县南村、胡村的资金互助服务部成立后,均有效地对接了农民综合合作与县乡信用社的良性互动关系。此外,也探索了城乡互助合作的经验,比如动员郑州兰考商会的企业家团队力量,以"公平贸易"和回报家乡的行动,以文明市民消费者主体的姿态,有力地参与到综合合作社的"购猪认养""社区支持农业(CSA)"中来。

关于"内引促外联",党政、企业、供销社、市民等的外力支持和介入,其前提是农民有合作的意愿和需求。也就是说自上而下的多元力量的综合介入,是以自下而上的农民自主合作为基础的。当他们在外力促发下内力渐长渐成之后，将以自我需要和发展为本，以内在发展阶段需求动力为根据，以与外部各种力量和资源，包括购销、信用和政府涉农部门的合作为条件，走上可持续生存和发展之路。

乡村文化建设在兰考的勃兴，是因为中国传统乡土文化及家族制度等仍具有一些基本的内在潜能。乡土社会中仍多少残存有或者是自发复兴的传统文化体系，使得当代乡村留守人员多少有保存村庄历史的本能愿望和传统经验。比如家族家谱祖坟记忆、公田记忆、村社文化共同体记忆等等。所以，但凡有一点外力引发的希望，或者乡村资源整合的合作的希望，他们便愿意以身试之，以责担之。一切适宜的小型农耕可持续发展技术的践行，一切与乡村生产生活自治的传统习俗、儒家道家等文化的发扬，一切与对乡土社会发展有积极作用的政策制度安排，均可以参与支持。这种乡土性的复兴，从某种程度上而言，可以叫作乡土文化自觉或者乡土文化本位的新农村建设。即在农民经济条件不可能大幅改善的现状下，在由发达国家主导的消费主义生活方式遭遇生态破坏、环境污染和资源枯竭等严重问题的全球背景下，中国的农民在社团文化合作中倡导一种新型的"重生态、重合作、低消耗、高福利"的新文化、新生活方式，为他们的生存处境和提高他们的生活质量"自主"地提供一种人生观、世界观和价值文化系统。这将是已陷入人与自然、人与人、人与内心极度冲突的困境之中的西方文明难以持续时，对人类的一种全新贡献。

## 五、结语

乡村建设真正的源头和根本是中华民族的国学传统、农耕文明等根深叶茂了几千年的文化体系基础。没有这个老根或者源头，便没有乡村建设运动的文化历史根据和社会基础。乡村建设大道，本质上是体认中国乡土文化的自觉复兴、寻根之路。它需要有一种知行合一的、到乡村发掘整个民族国家道德源泉的精神力量，在个人讲是"有志气"，在民族和国家讲是"有正气"，也就是孟子所讲的"浩然之气"。生态文明所倡导的"尊重自然"之理念,难道不是对"人法地,地法天,天法道,道法自然"的传统道理的呼应吗?其相关举措的倡导,难道不是以某种姿态呼应了"敬畏生命"、人道社会道天道"道器一体"的中国文化道统吗?生态文明建设,寄希望于"努力建设美丽中国,实现中华民族永续发展",就从这个目标宗旨的实现上,也得对中华民族曾经拥有的数千年农业文明持续发展之原理心怀敬仰才是。生态文明建设若想流长,则必要溯源;若要繁华永续,则必须滋润根本。或者说,为了未来,必须寻根历史。中国具有高度统一成熟的农业文明,这与中华民族生存圈特有的天时、地理、人文环境和生存方式密切相关,是一个超稳定的以"农业为本"的文明形态系统,因而达至数千年之久的相对永续。历史规定着未来,未来回应着历史。中国的生态文明若要实现永续,其有效可信的方式是溯源,是在某种程度上复兴从技术到制度再到文化不同层次的农业文明支撑体系。

兰考县基层农民文化合作社的发展极大地增强了农民合作意识,提升了农民精神生活水平。兰考县农民合作组织通过丰富多彩、喜闻乐见的农民文化活动吸引群众,使这些长年缺少文化生活的农民,通过文化活动大大增加了归属感,丰富了他们的精神文化生活。使村风村貌有了一个大的改变,人们扎实切行地实现着乡村振兴,为建设"美丽乡村""美好家园"而不懈努力。

## 第三节 乡村春晚:农民的时代表达[①]

乡村春晚近年已成为引人瞩目的全国性公共文化现象。围绕乡村主体性与文化自信问题,连续三年的浙江丽水乡村春晚田野调查研究表明,乡村以"春晚"的形式登上"互联网+"时代的中国文化舞台,具有深刻的社会历史

---

[①] 本节改编自赵月枝、龚伟亮:《乡村主体性与农民文化自信:乡村春晚的启示》,《新闻与传播评论》2018年第2期。

和文化意义。乡村春晚在展现新时代乡村文化有着强大内生动力的同时,也昭示了农民在乡土文化创造性转型方面的自觉性和主体性,而舞台上下妇女和儿童的突出角色,则体现了社会发展和性别解放的成果。乡村春晚这一遵循"从群众中来,到群众中去"方法发展起来的文化现象,诠释了国家与乡村之间精神纽带的重新连接、村庄主体性的回归、农民的文化自信和对全面小康生活的追求,以及党和政府在重建乡村文化领导权和引领精神文明建设方面的重要作用。

赵月枝、龚伟亮<br>编者按

1983年春晚第一次登上央视,便迅速借助大众传播媒介成为千家万户度过传统除夕夜的一道文化大餐,历经几十年起承转合,它已如仪式一般深深嵌入过年的节奏中来,乡村春晚现如今势如燎原,已经在全国范围内成为引人注目的公共文化现象。2016年2月21日(农历正月十四)晚,笔者偶然观看了缙云县官店村乡土戏曲春晚,得知乡村春晚不仅是近年丽水农村出现的新文化现象之一,而且该台乡村春晚还作为丽水市的四台标杆性乡村春晚之一,通过文化部所属的中国网络文化电视台,同步直播到"一带一路"沿线二十几个国家。同年,浙江、安徽、河南、福建等地的一些市县文化工作者发起成立"全国乡村春晚百县联盟",乡村春晚遂成全国联动之势。2017年1月12日,"2017全国乡村春晚百县万村网络联动开幕式"在缙云县仙都举行,全国有9个省区参与大联动。根据《人民日报》2018年2月4日的报道,2017年,在乡村春晚的发源地浙江丽水市,共有882个行政村自办春晚,800多名农民导演、30多万名农民演员、80多万名观众参与其中。11000多个农民自创的节目,展现了以农民为主体的乡村文化的生机与活力。

缙云县槯树根村乡村春晚剧照，赵月枝提供

## 一、乡村春晚的文化意涵

村庄作为中国农耕文明的载体，中国传统在乡村生根发芽，春节就是中国传统最重要的集体节庆文化仪式。新中国成立后，乡村文化得到了不断的巩固和发展，从机耕路到水库，从村校到大会堂，从入村入户的有线广播到农村科技员，从公社电影放映队到村庄业余宣传队，中国农村在为国家工业化做出了巨大的贡献和牺牲的同时，也在物质文化和精神文化层面得到了显著发展。1978年冬，联产承包责任制的推行和人民公社的解体同步。改革开放取得了举世瞩目的成就，但在主导的现代性模式中，中国农村的困局也逐渐形成：集体经济的衰退、村庄的空心化，甚至村庄本身的消失。几乎与农村改革同步，电视作为最有效的现代化、城市化和全球化意识形态机器，在中国城乡普及。然而，电视进入农村千家万户的过程，也是村庄和农民失去自己的文化主体性的过程——因为，电视带来的是农村文化生活从集体性和社区性到个人化和娱乐化的转型。1983年央视春晚的登陆代表着快速城市化和现代化的民族对逐渐逝去的农耕传统在意义层面的致敬和征用,但除了《超生游击队》和《昨天今天明天》等少数几个让人印象深刻的节目以外,几十年的央视春晚舞台上,作为中国农耕文明承载者和中国人口大多数的农民形象寥寥、面目模糊,而且往往是被污名化和作为城市中产阶层的"他者"呈现的。

缙云县乡村春晚现场观众,赵月枝提供

正是在这样的语境下,笔者在2016年浙江省缙云县官店村乡土戏曲春晚现场见到的那个被现场直播的"春节:我们的节日"宣称它代表了中国的农民,作为在中国革命的血与火洗礼中如凤凰涅槃般的中华人民共和国的主人,在国家的历史中,一边为国家的现代化做出了巨大奉献和牺牲,一边经历了自身的锻造和提升,具有了文化自信和主体性后,重新在表征层面登上了中华民族的历史舞台。在这里,村民不再是被鄙夷的粗陋人,不再是被呈现者和城市的"他者",而是作为主体登台,创造属于自己的文化。在更为实质的文化层面上,它代表了以村庄为单位的集体文化活动的回归。今天中国乡村的主人,包括以农业为生的农民和更广泛意义上的村民,已今非昔比。他们经历了社会主义建设时代和改革开放时代的现代化、工业化和全球化洗礼,具有很强的现代意识。今天留存下来的中国村庄,也不是东方主义话语中封闭和千年不变的"自在"村庄,而是一个个在被卷入资本主义化和市场化过程并经受其强大的离心力冲击后,以自己的应变力、坚韧性和文化凝聚力,不但加入了全球化和工业化的过程,而且开始向外部展示自己的文化自信的村庄。

缙云县得益于国家现代化建设,尤其是20世纪90年代以来的交通和电信"村村通"工程,任何一个村庄都成了麦克卢汉意义上的"全球村"中的一个节点。缙云县靠近世界闻名的小商品城——浙江"一带一路"的中国东南新起点义乌,即使在偏远的"底长坑"和"岩下"都有在城里工作的大学毕业生,在外经商或打工的村民,更有那些留守的、在主流媒体里被同情的"386199部队"——那些一边维系着村庄的农耕文明传统,一边在农闲时间通过从事"来料加工",把村庄中的集体和个人生活空间,变成中国这个"世界工厂"的最末梢的延伸的妇女、小孩和老人。是他们,尤其是老人们以他们的微薄之力守卫着乡村文化。正是在这个意义上,2016年官店村乡土戏曲春晚等四台浙江丽水乡村春晚,通过中国网络文化电视台,同步直播到"一带一路"沿线二十几个国家,以及"2017全国乡村春晚百县万村网络联动开幕式"有16万线上观众这些事实,具有里程碑的意义。正如当年的"丝绸之路"已经演化为今天的"一带一路",作为中国传统文化的根脉所在的、被全球化了的中国乡村和其中的村民们,也以自己的春晚走向了全球。在缙云县官店村,从20世纪50年代开始春节戏曲晚会就从来没有停止过。官店村的乡土戏曲春晚有很强的群众性,它是有机于这个村庄的。这个村有远近闻名的戏班和源远流长的戏剧传统,村里的婺剧戏班平常都有训练和演出,村民"卸了戏妆能下田,上了舞台能唱戏",这是中国乡村传统文化和集体化时代的农村社会主义群众文化结合的成果。在这个意义上,乡村春晚登上中国的文化舞台,是乡村在春节文化上的一种"回归"。

## 二、乡村春晚的传统、创新与内生活力

一个地方的文化,一个民族的文化,总是在与别的地方、别的民族文化相互交融的过程中发展和演变的。当然,这种"交融"往往不是在平等条件下进行的,而是在不平等条件下的"摩擦"和"碰撞"。接下来笔者将在跨文化传播政治经济分析框架内对之进行解析。

央视春晚无论在内容上还是形式上都对缙云县的乡村春晚产生了强烈的影响。在形式上乡土化了的央视春晚里的基本节目形态——舞蹈、传统戏曲、红歌、流行歌曲、语言类节目(小品和"三句半")、魔术、武术,包括缙云县的非遗武术表演等,在乡村春晚节目上一应俱全。这一方面显示了央视作为国家电视台的强大示范作用,另一方面也证明了乡村在学习和消化现代文化表现形式方面的能力。在内容上亦如此,如2016年官店村的乡土戏曲春晚就不仅是"乡村的春晚",也是"国家的春晚"。从其使用符号看,开场视频中出现的是辉煌气派的、能让人马上联想到北京故宫的大红门,而不是农家的木门荆扉。在并没有向国外直播的2017年的缙云县笕川村春晚上,也是既有群众喜闻乐见的乡土文化形式以及基于这些形式的创新,也有本村妇女时髦的歌舞、热辣的健身操;既有反映笕川人通过建设花海,探索农旅结合的乡村发展道路的、可以被称为"笕川梦"的宣教节目,也有反映国家建设成就的背景影像展示和气势磅礴的"中国梦"歌舞。进入乡村春晚现场,笔者第一感觉就是:这哪是村庄的春晚?经过冷静思考,不从既定的国家与乡村、传统与现代的二分法去理解,针对乡村对现代城市文化的"挪用"和"拿来主义",以及由此形成的"混杂"文化的内容和形式,时任缙云县胡源乡文化员的应梅芬认为,这正体现了村民"文化的能动性和创造性",是"对流行文化的本土化再生产",而如果觉得村民的文化就是应该"土",那是因为"知识分子对乡村文化有一种与生俱来的刻板印象",而"这正是我们需要自己反思的地方"。

乡村春晚的最大亮点无疑是它以村庄和农民为主体的文化自信和对不

平等城乡关系的批判,而这正是被央视春晚所边缘化的主题。在2016年缙云县官店村春晚上,推陈出新的婺剧小戏《老鼠娶亲》给笔者留下了深刻印象。它借用"老鼠娶亲"这样一个在缙云县家喻户晓的民间传说和文艺题材,以老鼠的视角对城市中心主义作了批评,演出了乡村新一代在城市生活经验基础上对乡土生活的新认知和自豪感。这种情感与认知,既不同于主流话语的歌舞升平,也不同于中产阶级思乡病式的浪漫想象,更迥异于乡村衰败的知识分子话语和大众媒体叙事。再如2017年缙云县榧树根村小品《烛光里的妈妈》,"孝"的主题是通过城乡关系的视野表达的。小品讲的是一个"凤凰男"娶了媳妇忘了娘的家庭故事。小品中的"凤凰男"在被农村弟弟痛斥后幡然醒悟。小品鞭笞了不平等的城乡社会权力关系——女主角因自己是城里人而产生的优越感是问题的关键。这是淤积在农民胸中的情感结构的一种宣泄。与这个并非原创的小品相关,这台晚会上另一个村民原创的有城乡关系视野的小品是《出门趣事》。它讲的是一个农民过完春节,用一根木棍挑着行李去广州打工,但一到广州车站,就因说不好普通话而被误解的故事。这个小品的灵感来自缙云人经常讲的有关缙云方言的笑话,非常有生活气息,表达的就是一种自己去陌生城市后不知所措的感觉。对自编自演这个小品的中年村民来说,这就是他自己真实经历的一种表达。

  作为对央视春晚把农民"他者化"的反转,它强调的是要活得有尊严,而不只是追求简单的物质生活。这个节目既有现实主义精神,又有非常明晰的引导意义和未来指向。它出于现实,具有一定社会基础;作为一种文化表达,它又是高于现实的。由于在艺术形式上的活泼谐趣,这种"正面引导"并不唐突和生硬,不是呼口号和脸谱化的表达,不是空洞地对乡村与劳动的歌颂和美化。这出妙趣横生的婺剧小戏,让我们看到乡土文化在传承过程中的创造性转型。这里有主体经验的翻新,有新文化形式的借用,这是一个现代化的流动的农村文化在交流中生成的过程,是新文化创新融合的过程。在许多层面上,这都是一个"有希望"的过程。

## 三、性别解放下乡村春晚中妇女儿童的主体性

是否有妇女文化积极分子,可以说是乡村春晚能否办起来的关键。实际上,无论在哪个村的晚会舞台上,妇女儿童表演者都是主体;在台下和幕后,女"两委"成员,包括书记、村主任、会计、妇女代表、文化委员等(后两者往往由一人担任),也是春晚的核心人物。所以,从乡村在传统上是男权中心这一背景和女性解放角度来看,乡村春晚都凸显了妇女的主体性和她们的解放。它是女性展示美丽、智慧和坚强的舞台。在缙云县七里乡的天寿村和黄村畈村的2017年春晚节目单中,笔者同样看到了中老年妇女的核心角色。可以说,是村里的妇女们,撑起了乡村春晚的整片天空。2018年春节间,缙云县总共有163场乡村春晚,在整个丽水市举办数量第一,163这个数字后是成千上万缙云县乡村妇女的热情和投入。

妇女、儿童——无论是幼儿园和小学生群体的歌舞表演,还是有歌唱和各种乐器表演能力的个体表演,包括2017年榧树根村春晚舞台上那位形象极其可爱的小魔术师,都是乡村春晚的另一主力群体。在他们身后,则主要是那些把孩子们带去排练、在演出时在台前台后奔忙的母亲,以及外婆和奶奶们。甚至许多家长会向文化专员打听哪里有晚会演出,以便争取自己孩子上台的机会。这种机会的文化赋权和主体性培养意义,也大大超出了演出现场的单一时空。更值得称道的是,在一些村庄,由于长期的文化氛围的熏陶,有些孩子是积极主动要求参加业余文艺活动学习的。由于乡村春晚给这些孩子提供了演出的舞台和展示自己才艺的机会,他们平时学习起来就更有动力。

许多"村外"的力量也是使乡村春晚成为可能的重要因素,而女性在这些"村外"的乡村文化建设力量中,也显得非常突出。除了下面讨论到的以女性为主体的乡镇文化员外,活跃在缙云县乡村春晚台前幕后的还有以女性为主的幼儿园、小学、中学的老师,笔者在2016年靖岳村春晚舞台上还看到了县

里几位有专业唱歌训练经验的女性音乐老师。作为国家事业单位的工作人员，这些女性不是村民。然而，作为乡村教育领域的基层工作者，她们通过自己分外的工作，成了通过文化反哺乡村的积极社会力量。其中，缙云县实验中学的朱晔、缙云县工艺美术学校的陈水华、缙云县水南小学的吴芙蓉、缙云县仙都中学的李昭卫四位专业音乐老师，这几年一直活跃在缙云县乡村春晚的舞台上，而且全部都是义务演出，没要一分酬劳。当被问到"这么冷还下雨，而且开车还得费油，参加这样的春晚值得吗？"时，她们认为，身为缙云人，也是从农村出来的，现在能为农村做点事，心里高兴，也是应该的。杰出缙商代表朱俐不仅资助了中国西南地区许多贫困学生，而且怀着对家乡和故土的深深眷恋，请外地朋友创作了《河阳儿女》和《千年河阳》这两首歌，以此寄托自己对家乡的思念，助推家乡的文化建设。

在实施分田到户后的浙江农村，由于女性在农业生产中的工作较以前减少，虞冬菊们和比她们大的农村中老年妇女，以及她们的母辈有了更优越的生活条件和更平等的家庭地位。她们当中，虽然有不少还被留守与替在外打工和经商的儿女看孩子所"拖累"，但也有不少人有了相对富裕的生活条件和相对空闲的时间，她们是村庄文化建设的主力军。从历史动态的视角来看，就像推倒节烈牌坊对乡村妇女的解放有历史性的意义一样，让农村妇女进入公共领域，甚至下田与男人一样劳动，也有历史性的意义。而这也是今天那些敢于和善于在春晚舞台上表现自己的女性登上乡村文化舞台的必要条件。相比之下，倒是农村的男性，在性别自我解放方面的道路更漫长一些。正如我们在好溪村的调研所发现的那样，除了在外打工和缺少业余时间等因素，"不好意思""怕演不好，别人笑话"是青壮年男性走上乡村春晚舞台的重要心理和文化障碍。总之，乡村春晚的舞台上中青年男性表演者短缺的现象，有待农村空心化问题的缓解，更有待"大老爷"们在母亲、妻子、女儿们的带动下，慢慢克服自己的心理和文化障碍，而广场舞也可能是一个突破口。

农村妇女表达主体性的形式是复杂和多样的，其中也不乏依然被城市中心主义和男权中心主义的审美观所影响的痕迹。在一个"民国范儿"在城市知识分子和主流电视文化中都颇有市场的年代,我们不必对农村中年妇女的旗袍秀太过批判,一切看主流文化如何引导和城乡文化的动态互动过程。其中党和政府意识形态和文化部门的认识高度、政策导向和具体引领工作尤为重要。

## 四、乡村春晚重塑国家与乡村、干部与群众间的有机联系

2013年以来在丽水出现的乡村春晚无疑又是一个"新生事物",而且是党和政府加强农村文化阵地建设和公共文化体系建设的一个示范性项目。虽然可以申请到一些政府的文化补贴,但更多源于乡民自筹。浙江的乡村春晚依托乡村文化礼堂。浙江从2013年开始的农村文化礼堂建设工作,为乡村春晚的创办提供了国家动机和物质条件。浙江以"温州模式"引领了中国市场经济的发展。党的十八大以来,作为经济和社会发展走在全国前沿的省份,浙江提出了建设"物质富裕,精神富有"的现代化浙江的"两富"战略目标,并希望为中国发展道路提供浙江实践和浙江样板。在浙江省委看来,"两富"建设是"一个共建共享和全民普惠的过程",而以"文化礼堂、精神家园"为主题的乡村文化基础设施建设工作,就是为了占全省总人口38%的2088万农村人口的"精神富裕"而展开的。从2013年开始,浙江省把建设农村文化礼堂列为政府工作的十件实事之一,把文化礼堂建设定位为"实现精神富有,打造精神家园"的重要载体、"建设文化强省的重要基石"、"巩固农村思想文化阵地的重要保障"以及"提升农村文化建设水平的重要举措"。正如《浙江日报》上一篇题为《礼堂文化,我们的文化》的文章所言:"没有农民的现代化,就不可能有真正意义上完整的现代化;没有农民群众的精神富有,也不可能实现全体人民的精神富有。"更重要的是,浙江省宣传部门从"思想文化阵地是党执政的重要政治基础"的高度,认识到:农村的思想文化阵地,正确的思想不去占领,错误的思想必然去占领;真善美不去占领,假恶丑必然去占领;马

克思主义不去占领,非马克思主义必然去占领。在这个问题上,我们不能有一丁点儿幼稚的想法。

就这样,以省里的乡村文化礼堂建设为基础设施条件,以深厚的民间文化底蕴和广泛的群众文化活动为基础,丽水市走上了把乡村春晚打造成"村民自办、城乡联动、推动旅游、形成产业的乡村精神文化地标和生态文化名片"的基层文化建设创新之路。党和政府的布局固然重要,但如何落实才是关键,而在党和政府意识形态和文化建设目标与乡村文化主体之间承担重要连接工作的是市县文化管理部门、县文化馆和乡镇文化站——更具体地说,是这些单位里的国家文化事业工作者。丽水市文化广电新闻出版局要求这些机构通过乡村春晚载体,加快公共文化服务从"办"到"管"的理念转变,集中组织力量深入自办乡村春晚村进行业务指导。除了组织和指导外,文化馆和乡镇文化站在乡村春晚中还承担着一些标杆性语言类节目的创作任务。上面讨论到的2016年官店村乡土戏曲春晚上的《老鼠娶亲》小戏,就是缙云县文化馆馆长楼焕亮创作的。在此过程中,他还得到省文化部门相关人员的指导。除了创作节目,楼馆长还上台参演小品等节目。许多乡镇文化员不但自创节目为各村春晚提供内容选项,而且到村庄指导节目的编排和彩排。在演出过程中,这些文化员们是活跃在台上台下的关键人物。他们通过自己的工作,不但激发了村民的主体性和村庄的活力,而且改善了干群关系。其中涌现出无数优秀的文化工作者,如林岳豹,他在庆元县月山春晚所代表的那种怡然自得的生活是从全面建设小康社会的意义的高度来理解和推广乡村春晚的。在他看来,要全面建设小康社会,最难在农村。他把他自己看成是一个认准了目标后,虽然碰到重重挫折,依然"像水一样绕来绕去"地去实现自己理想的人。月山春晚不仅仅是一台晚会,而且代表一种怡然自得的乡村生活。这位地方文化官员对小康生活的理解,与中国社会科学院学者黄平对"软实力"的理解有异曲同工之妙:追求"软实力"最重要的"不是如何走出去影响别人,而是我们自己得有一个大家都视之为天经地义、理所当然的文化-

伦理格局,然后广大人民身在其中能自得其乐"。林岳豹在访谈中坚持,要回到以人为本的发展道路,而"文化更要往里走,不要过分强调向外张扬,要回到群众的心里去"。所以,尽管"乡村春晚"成功成为省里和国家的公共文化建设示范项目,而丽水也已把它当作一个公共文化品牌和一个产业来打造,但他始终强调,让村民在舞台上发现自我价值才是最重要的出发点。林岳豹的观点在乡村春晚的组织者和参与者中有普遍的共鸣,乡村春晚的意义在于它是村庄的集体文化仪式和精神文明的符号,是村民的自我文化表达和他们追求美好生活的载体,是村民尤其是乡村里的青少年实现自身全面发展的舞台。在更广泛的意义上,在一个文艺越来越被专业人士尤其"明星"所把持和被过度商业化所劫持的语境下,乡村春晚使我们重新认识文艺之于普通人和日常生活的意义。作为丽水市乡村春晚的源头,庆元县月山村因一台春晚而闻名中国。因为这台春晚和廊桥(该村是著名的廊桥之乡),这个偏远的、空心化十分严重的村庄近年在文化旅游方面有了新的发展,常住人口也有所增加。在乡村振兴已然成为国家战略的今天,乡村春晚成了乡村振兴的先声,它唱出了中国农民对乡土文化的坚守,唱出了"三农"中国的主体地位,彰显了中国农民的文化自觉和文化自信。最为重要的是,在中国村庄的数量经历了急剧减少的30多年后,它凝聚起了作为农耕文明的传承和创新载体的村庄共同体的力量。然而,正如笔者在月山村调研所发现的那样,即使在这里,这台晚会的商业化和专业化,既非组织者的兴趣和动力所在,也是月山人所不能承受之重。

## 五、结语

乡村春晚的确是体现农民在乡村振兴中的主体作用,表现农民对美好生活的向往和文化自信,能够凝聚村民情感、繁荣农村文化、促进乡风文明、推动和谐新农村建设的文化创新载体。乡村春晚这一"农民朋友自我创造、自我表现、自我服务的草根文化",有力拨奏着"三农"新乐章。在这一意义上,如张李杨在《乡村春晚亮相全国文化馆年会》一文中所说,乡村春晚"既让我们回拾了过去,又看到了现在,更重要的是还让我们看到了将来"。值得关注的是,乡村春晚现象的发展是一个典型的"从群众中来,到群众中去"的过程。它强化了国家与乡村间的精神纽带,昭示了乡土文化的复兴,农民的文化自觉、村庄的主体性。它因女性在台上台下的主角地位而成为社会进步的标杆。它是草根的,也是国家的,是国家巩固在乡村的文化领导权的重要实践。它之所以如此重要和具有象征意义,也因为它所代表的东西——对作为一个共同体的村庄来说,人们"聚在一起的乐与闹",是当下中国农村最稀缺、最珍贵的东西。

乡村春晚能否真正在"互联网+"时代形成星火燎原之势,并如林岳豹所希望的那样引领乡村小康生活,有许多不确定的因素。其中,作为乡村文化复兴基础的乡村集体经济能否在新的条件下振兴是一个重要的因素。政府部门在扶持、引导和试图将它商业化和产业化的过程中,能否不急功近利,真正尊重农民的主体性和创造性,正确理解乡村文艺和文化生活之于农民的非功利性和非商业性意义;村内外赞助资金和商业资本以什么样的形式介入,能否把自己嵌入村庄共同体,而不是凌驾于村庄之上,功利地把乡村春晚当作摇钱树和广告牌,是另外两个重要因素。而乡村春晚中所体现出的妇女解放的成果能否在改革开放后出生的新一代女性身上得到延续,能否有更多的男性青壮年回归乡村,并克服基于传统男权中心的"面子"观,通过积极踊跃上春晚舞台得到自我解放,从而实现真正的性别平等,这是社会和文化心理层面的因素。

## 第四节　农民直播：乡村与时代的共振[①]

在我国大力提倡乡村振兴的时代背景下,通过技术赋权,"土味"的短视频、直播呈现了鲜活真实的乡村图景,让农民群体有了展示风貌、表达心声的平台,进而结合社交关系链的传播,在竞争激烈的互联网浪潮中,创造出了与众不同的新型"土味文化"。同时,商业资本的场域力量,粉丝经济的流量变现,也让农民视觉生产在内容迎合商业逻辑与主体性表达之间,有了顺从、妥协、角力等复杂的博弈。但是,"土味视频"是否能够真正冲击主流文化、表达农村自身权利诉求？这依然是个问题。

刘　楠

编者按

随着移动互联网时代的发展,新媒体平台不断崛起,宽带的普及、智能手机的发展、视频硬件技术门槛的下降,社交化视听场景越来越普及,从微博、微信到网络直播平台、移动短视频兴起,UGC即用户生成内容成为热度极高的新媒体形式。

短视频、直播类的视觉生产方式,承载信息更立体,内容丰富多样,互动性强,适合满足碎片化的娱乐需求和草根群众自我表达的愿望。越来越多个体UGC用户成为互联网主动的生产者、创造者和建设者。其中,一系列"土味视频"异军突起,一些农民凭借有强烈乡土色彩的自媒体视频内容,成为"农村网红",不但吸引主流媒体关注,其粉丝效应还带动电商平台盈利,与此同时,也出现了内容低俗被整治的现象。

---

[①] 本节为原创文章,作者刘楠,中国传媒大学传播研究院助理研究员。

河南省某山村直播间,沙垚提供

近年来,农村地区互联网普及率提高和农村网民规模不断增长,2018年8月,中国互联网络信息中心第42次《中国互联网络发展状况统计报告》显示:截至2018年6月,我国网民规模为8.02亿,其中农村网民占比为26.3%,规模为2.11亿。农村地区互联网普及率为36.5%。

借助新媒体平台直播软件的普及,乡村小伙"搬砖小伟"直播工地搬砖和健身结合的日常生活,在短视频App"快手"上很快拥有上百万粉丝;38岁的广西农妇"巧妇9妹",通过做饭、摘果、捞鱼等原生态乡村视频直播,成为被报"年入千万、县委书记接见"的乡村网红,其电商平台带动全村水果热销。她还被央视《回家吃饭》《焦点访谈》等节目关注。2018年8月,江西赣州的"华农兄弟",拍摄竹鼠饲养蹿红,在"西瓜视频"等平台积累数十万粉丝。

在我国大力提倡乡村振兴的时代背景下,通过技术赋权,其短视频、直播内容呈现了鲜活真实的乡村图景,让农民群体有了展示风貌、表达心声的平台。然而,商业资本的场域力量,粉丝经济的流量变现,也让农民视觉生产在内容迎合商业逻辑与主体性表达之间,有了顺从、妥协、角力等复杂变量的博弈。

## 一、农民"土味视频"兴起的背景和特征

所谓"土味视频",是以农民为发布主体,以有强烈乡土气息的生活、劳作场景或文化活动为主要内容的短视频,短视频App是"土味视频"的主要传播平台之一。西瓜视频、抖音等短视频App的兴起为农民用户提供了更多发布"土味视频"的媒介空间。

2016年,微信公众号"X博士"的文章《残酷底层物语:一个视频软件的中国农村》展示了快手中的乡土低俗化、自虐类视频,虽然文章列举内容并不完全客观,但此事也让舆论关注到短视频市场的庞大农民用户。根据易观国际发布的《2018中国短视频行业年度盘点分析》显示,"快手"与国内其他短视频App相比,中等城市及乡镇农村用户高达63.2%,比全网移动用户多了将近十个百分点。

"土味视频"从短视频App平台兴起,随着人际传播等途径,也拓展到微博、B站等平台。近两年,微博上出现不少以"土味"二字开头的博主,其中"土味挖掘机"和"土味老爹",以搬运社交短视频App"快手"上的内容为主运营,积累了百万粉丝。此外,在青年亚文化集中的阵地B站,江西"华农兄弟"拍摄的竹鼠,被网友们自发加工成竹鼠表情包,进一步在社交平台上传播。

"土味视频"在互联网时代异军突起,呈现出巨大的粉丝号召力,成就了一些乡村网红,这些市场信号也影响到短视频App运营者的态度。在互联网巨头的战略布局之下,一些视频直播平台开始大力宣传推广乡村直播"土味文化"产品,甚至用重金补贴短视频原创内容。

例如,2017年7月,今日头条在"巧妇9妹"的家乡——广西灵山苏屋塘村召开了首届"三农"创作者大会,"巧妇9妹"作为"山货上头条"的代表,因为

帮助乡亲们卖出300万斤水果,带动全村致富,被聘为今日头条"'三农'合伙人"。2017年8月,火山小视频在四川省合江县三块石村召开发布会,发布了"火苗计划"。火苗计划核心包括两点——"视频打赏+培训计划",鼓励乡镇用户积极参与视频制作。

以"土味视频"为代表的农民视觉生产内容,发布者多是受教育程度不高、收入水平低的乡镇青年,内容上多以乡土环境为主,拍摄吃饭、种地、跳舞等画面,创作手段上构图角度和拍摄技巧都显得粗糙。与传统视频用户所追捧的"小资"与"精致"不同,一方面,"土味视频"直接、短小、搞笑和贴近生活的特点受到热捧,另一方面,这类视频不少具有老套、浮夸、恶俗、庸俗、无聊等特点。

四川"90后"青年刘金银直播抓泥鳅、掰玉米、割猪草、收稻谷等乡村日常生活,石家庄"独臂哥"陶津津直播工地砌砖,湖北村民杜威化身主播"地主家的傻儿子"直播"开心农场"……"土味视频"中的插秧、收稻、打鱼等真实纯朴的乡村日常场景,勾起了人们对陌生的乡村生活的亲切感和向往,也满足着外界窥视农民主播的猎奇式心理。

短视频在社交平台上是借助用户的社交关系链进行传播的。如朱杰等在《短视频:移动视觉场景下的新媒介形态——技术、社交、内容与反思》一文中所说,以情作为突破口激发用户传播,利用直抵人心的作品打动用户,激发用户的参与动机和分享动机,产生广泛的传播力。

农民为主体制作的"土味视频",打破传统视频中规中矩的表达方式,利用新媒体技术赋权,如拍摄剪辑门槛降低等优势,结合社交关系链的传播,在竞争激烈的互联网浪潮中,创造出了与众不同的新型"土味文化",但是技术赋权也衍生出了一系列需要关注的问题。

## 二、农民的视觉生产传播中的文化赋权与资本异化

### (一)"土味视频"发展中的文化赋权

刘诗捷在《从快手到微博:"土味文化"的发展历程》一文中把"土味文化"归结为网络亚文化的新形式,认为这反映了一种文化诉求,在互联网普及的今天,知识鸿沟也进一步拉大,乡镇青年也希望能够有平台来展示自我,满足自己情感表达的欲望,与他人产生情感共鸣。"土味视频"的发布者,也是基于这种心态来展示自我,"土味视频"中的动作"社会摇"、语言"社会语录"、服装"豆豆鞋和紧身裤"等就成了一种符号,创造出我们看到的"土味视频"。

朱凌飞在《视觉文化、媒体景观与后情感社会的人类学反思》一文中认为,主流价值体系是保持一个社会基本发展方向的一种意识形态、精神导向、制度措施,然而,如果过分推崇和无限维护,则容易出现一种极度高压和紧张对立的社会状态,而允许多种形式的情绪宣泄、情感表达甚或标新立异,则是该社会获得自我调适、自我更新和保持生机的可能契机。5.89亿的农村人口是一个庞大的群体,在传统的媒体表达中,农民往往是缺少话语权的弱势群体,外界很难了解其鲜活的思想观念和蕴含的才华特质。自媒体平台的视觉生产,让社会的话语权力进一步被扁平化,农民群体的民间话语力量开始崛起。在互联网时代的新媒体尝试中,他们被称为"新农人",其"土味文化"涌现出了巨大的力量,推动了农村原生态类型短视频的崛起。

贾毅在《网络视频直播的公民赋权与冲突》一文中认为,网络直播是对公民话语赋权的升级,是对资源配置的进一步"去中心化"。人们可以运用现有的所有表达方式以最快的速度向世界"喊话",人人拥有了大众传播的能力、机遇和途径。在这种"喊话"机遇下的文化话语赋权中,广西普通农民"巧妇9妹",因为视频流量可观与粉丝号召力大,极大拉动了村里的电商经济,县长、副县长频频造访其团队,并称"我们县今年的销量就要靠你们努力了"。"巧妇9妹"的电商平台,为村里人提供了日均50个兼职岗位,最忙的时候能提供150个岗位。

像"巧妇9妹"这样的流量明星,直接促进了农村的脱贫致富,成为当地受尊敬、有威望的"新农人",升级了自我话语权。此外,还有农民自媒体创作者,用知识传播价值来提高话语表达权。河南创作者"付老师种植技术团队",在今日头条平台专门分享种植经验和高产技术,发布两分钟左右的农业技术教学视频,例如如何用糖帮助黄瓜高产种植,吸引了不少海外华人农户关注,并向他们学习技术知识。

农村自媒体人的视觉生产构成了一道媒体景观,文化赋权带来话语权的提升,但是"土味文化"作为网络时代的亚文化形态,有学者预测这种文化会逐渐走向规范,被主流文化收编是最终的结局。眼下来看,"土味视频"还远没有达到真正冲击主流文化、表达自身权利诉求的地步,其背后的文化需求差异、资本逻辑、价值导向等问题值得我们进一步考察。

## (二)资本逻辑下的网络劳工与话语"异化"

2017年,短视频急速爆发,一些大的网络平台纷纷重金补贴短视频原创内容,借今日头条、西瓜视频的原创视频内容流量分成,"巧妇9妹"也开始了经济营利之路。2017年5月,她从第一条制作肉蛋挞的视频做起,坚持每天更新,粉丝量每天都有几百上千人次的增长。

《地里的杧果太多,巧妇9妹得赶紧固定好,否则下雨就全烂了》《6斤土鸡这么吃试过吗?巧妇9妹直接用电饭锅整只煮,味道会如何呢?》等,她的视频标题喜欢用短句、动词和疑问句,内容很真实地呈现田园生活的现场进行时,很快"巧妇9妹"在西瓜视频聚集了200多万粉丝,很多视频点击量在百万以上。粉丝关注到农产品电商平台,除了头条小店外,"巧妇9妹"开通的电商平台还有淘宝、拼多多、微店等,农产品销售再回补短视频流量,形成互补共享的协同效应。

无论是今日头条的西瓜视频还是头条小店,"巧妇9妹"成为今日头条树立的农民自媒体标杆,带动了更多的农民进行视觉生产内容的制作。在今日头条首届"三农"创作者大会上,今日头条宣布推出"'三农'合伙人"计划,"巧妇9妹"就是首批"三农"合伙人之一,获得价值100万元的站内流量。

值得注意的是,"巧妇9妹"的成功是很难被复制的。她的拍摄团队主脑是返乡创业的侄子张阳城,一名天津财经大学影视专业毕业的大学生,有丰富的视频制作经验和营销意识,这是普通的农民自媒体创作者所难以具备的。

由于现实的知识鸿沟,大多农民自媒体内容缺乏持续制作动力,水平参差不齐,难以在资本平台有议价权,获得的流量补贴非常有限,"巧妇9妹"的光环效应吸引他们贡献大量的免费劳动,某种程度上,为了获得超越现实社会的"成就感"和"快乐感",以及对虚拟未来效益的期待,他们成为迎合商业时代流量饥渴的"网络劳工"。正如学者杨逐原在《废除"i奴"缘何不可能:劳动过程的遮盖及非经济报酬的崛起》一文中担心的,在网络空间的信息生产和传播中,作为资方的网络媒介同样对作为劳动者的网络用户进行着深层次却极具隐蔽性的剥削,农民们心甘情愿地数字劳动,呈现出"劳动至死"的大众媒介狂欢,减弱了所呈现的乡土社会议题的深刻性。从而制造出虚幻和美化乡土现实的视频内容,脱离了中国真实乡村问题的厚重议题,农民真正的表达话语权被消匿在经济驱动中。

### (三)娱乐至上的越界与视觉生产的狂欢

2016年的网络红文《残酷底层物语:一个视频软件的中国农村》中提到,为了吸引眼球和涨粉花样百出,很多农民用户通过吃虫子、自虐等视频获得关注,从而获得广告经济效益。这虽然是极端现象,但是现实短视频App和网络直播平台,一切娱乐至上超越伦理道德的视频内容引发了很多争议。

2017年底,央视曝光网红"快手杰哥"涉嫌大凉山假慈善事件,快手官方一次封禁了300名涉嫌炒作的快手大号,包括"东北蛇哥"等。2018年4月,国家网信办发布消息,要求"快手""火山小视频"暂停有关算法推荐功能,并将

"王乐乐""杨青柠""牌牌琦"等直播早婚怀孕、涉黄低俗内容的网络主播纳入跨平台禁播黑名单,禁止其再次注册直播账号。

以"东北蛇哥"为例,他被称为"快手狠活第一人",一天发布三四个类似"二踢脚"①炸嘴的视频,每个点击量都有几百万。"东北蛇哥"的视频表演刺激而血腥,例如头敲啤酒瓶、生嚼碎玻璃、汽车轧手臂,他越自虐越上瘾,有一次他表演敲碎玻璃瓶,让小汽车来轧手臂,镜头前举起的手鲜血直流,然后他被送进医院。

更突破底线的是,他和"蛇嫂"大胆策划吃海鲜假死,还做了墓碑,引发粉丝关注。封号后,"东北蛇哥"又重新注册快手号"东北蛇哥东山再起",自称决定走"正能量"路线,并反思表态自虐视频是负能量的。

除了内容低俗、逾越道德底线,借助人们对"土味视频"的猎奇,乡村自媒体创作团队在生产流程和知识产权等问题上也引发争议。2018年8月,微信公众号"刺猬公社"发表《实地探访山东新媒体村,农妇做自媒体收入破万》一文,描述在山东省李庙村20多名留守妇女组成了自媒体小团队,流量可观,每月收入最高过万。此文成了爆款,也引发争议,农妇们直接在网络上搜集视频资源剪辑成短视频发布,侵犯他人版权。团队负责人李传帅的自媒体培训项目"千乡百万"计划,很快也被政府叫停,原因是其没有获得资格认证。

这些现象,也暴露了农民自媒体视觉生产流程的新问题。门槛低、短平快的制作方式,推动了"土味视频"用户增加和数量爆发,而出于流量收益变现的商业驱动,一些人也开始在审核原创内容的缝隙中钻空子,盗用他人的劳动成果,造成了恶性循环的娱乐狂欢,偏离了最初的发布动机,陷入消费主义的商业逻辑中。从长远看,低俗内容和成果搬运,"劣币驱逐良币",对于真正表达乡村面貌有赤诚之心的农民自媒体创作者来说,也是一种伤害,影响了人们对"土味视频"的信任和对"新农人"新面貌的理解和认识。

---

① 用于民俗、节庆、祭奠等场合的一种双响爆竹。

## 三、互联网时代农民视觉生产传播中的主体建构

### (一)从满足需求到主动表达话语

移动互联网时代的发展,使得视频市场份额正在迅速增长,社交平台的视觉化是大势所趋。中国庞大的农民用户拓展了视频产业内容消费和视觉生产市场。"土味视频"的崛起,不仅折射出了农村群体内容消费需求的上升,也体现了他们需要拥有自己的话语权和表达空间。农村也需要有力发声,也需要精神文化食粮。

随着内容生产、传播、消费各个环节的下沉全面完成,农村视觉生产的自媒体人应运而生。"土味视频"不是"低俗抄袭""粗制滥造"的代名词,农民在劳动间隙利用碎片时间消费信息、进行娱乐,在表达自我、迎合商业逻辑的经济效应驱动之外,他们也有建设家乡、振兴乡村的更高"自我实现"需求。

以农村自媒体人青年欢子为例,他从保安转行做短视频,在头条号创办了"欢子TV",专注原生态农村题材,特别是还原乡村少数民族淳朴的文化仪式,吸引了大量粉丝。成名后,欢子提出了"千村万户"计划,预计用5年时间,走1000个村子,为更多农村提供展示风土文化的平台和推广特色农副产品的渠道。"乡野丫头"创作者秋子致力于整理和传播自己民族的文化,搜集整理侗族方言、歌曲、美食、习俗等特色文化,促进外界了解侗族文化。

像欢子和"乡野丫头"这样的"土味视频"创作者,通过自媒体发声,积累了粉丝,也利用自身获得的话语权,主动为乡村发声,既创造了社会价值,也实现了自我价值。他们的视觉生产实践也告诉人们,乡村文化的主体是农民,动员好农民,调动他们的积极性,让他们通过自媒体平台表达自己的声音,是真正寻找到身份归属感的,也是弥合城乡关系裂痕、促进阶层间沟通理解的有效途径。

### (二)从网络亚文化中创建文化共同体

新媒介形式创造新传播方式的同时,也是新的关系形成和新的权力、影响力中心诞生的过程。农民视觉生产的"土味文化"虽不能改变权力结构,但在某种程度上建构了新的意义实践。王纪春等在《浅析网络亚文化的新形式——以"土味视频"为例》一文中认为,"土味文化"这种网络亚文化逐渐走向规范、被主流文化收编是"土味视频"最终的结局。"土味狂欢"生产出人们喜闻乐见的文化产品,这无可厚非;奉行"流量=效益"的商业模式,也不为过。可是无节制地生产俗文化就算刺激了受众一时的情绪,也终究不会长久。边缘群体在表达自我意识上也应找到正确、适当的方式,而不是一味地迎合大众的低级趣味,挑战社会道德底线。

文化是有机的,是日常生活的一部分,乡村文化是中国文化的根源,如何从农民自身出发,如何从农村社会内部激活农村的文化资源和活力,并使之有益于社会主义核心价值观以及农民情感价值、世道人心的传播与弘扬,学者理应给予高度关注和支持。

近年来,媒体流这一"乡村凋敝"的叙事模式——"土味视频"让我们看到了乡村文化风貌的多元性,眼下,"土味视频"的发展应该被有序疏导,取之精华弃之糟粕,从而让互联网时代这种新的视觉生产方式,彰显农民的主体性,呈现乡村真实生活和历史悠久的民俗文化,通过新媒体赋权,让各种想象力、行为和实践来重构城乡互相哺育的政治、经济与文化的关系,建立有机的文化共同体,对于当代中国非常重要。

### (三)农民视觉生产促进构建乡村传播新生态

互联网技术的日新月异驱动媒介的进化升级,多元文化格局的成形为社会大众长期被压抑的诉求提供了释放的契机,城乡关系的传播生态也在发生演变和角色分化。

拨开消费主义、精英主义和历史虚无主义的话语,去除掉少数娱乐至上的低俗内容,农民自媒体视觉生产用并不专业和成熟的"土味视频",表达着他们的文化态度和对时代的理解,某种程度上说,他们努力地弥合着城乡之间的裂痕,在文化政治与城市经济发展中,有助于外界重新发现被遮蔽的主体,有助于打破阶层区隔,恢复人群与地域之间普遍联系的伦理与价值回归。

2018年1月,中共中央、国务院发布《关于实施乡村振兴战略的意见》,提出要实施数字乡村战略,做好整体规划设计,加快农村地区宽带网络和第四代移动通信网络覆盖步伐,开发适应"三农"特点的信息技术、产品、应用和服务,鼓励支持各类市场主体创新发展基于互联网的新型农业产业模式,深入实施电子商务进农村综合示范。

## 四、结语

结合国家的乡村振兴战略,农民自媒体兴起也可以扩展振兴的新媒体方式,例如"巧妇9妹"正是通过短视频发布拓展电商渠道,促进农产品销售,提高农民收入,缩小城乡差距,从而推动乡村文化生态发展,建构好的乡村传播生态,让农民真正表达话语。一方面要在国家核心价值框架下,结合乡村的历史文化、风俗习惯、价值观念,发挥农民的文化主体性,另一方面,要从乡村内部生存逻辑出发,重新发现乡村活力,鼓励"内生性"文化,以及其与社会结构的有机镶嵌。通过引导农民更正规、更合理地进行自媒体运营,从而真正促进农村的发展和进步。

## 第五节　何谓幸福：川蜀农业县城生活纪事[①]

　　幸福是人类对于美好生活的终极追求，何谓幸福？川蜀地区的县城给我们展示出别样的特殊意义。不同于大城市空间极致的膨胀和扩张，狭小空间让县城人们相互保持着善意紧密的往来，生活更随心而定，无论人生的大型仪式，如入学、成年、结婚，还是细微生活的点点，都充满着生活的美感，他们以个性化的生活创造着属于自我的生活格调。

曾　昕

编者按

　　人类对于美好生活的想象和追问从未停止，从古代的才高八斗、衣锦还乡，到现代流行的财富自由。而在川蜀边陲的三线城市，这些以农业、人口和治安闻名的千姿百态的县城中，居民们却拥有不同于世俗幸福评价体系的生活方式，把幸福的愿景融汇在朴素的日常生活中。

### 一、幸福是朋友家人一起耍

　　有篇热文，叫《有种幸福，叫与闺蜜在同一个城市》。大城市的人都深有体会，"如果不在一个区，就是异地恋"的短语，有几分生动，就有几分伤感。

　　从县城一端到另一端，步行不会超过一个小时；相聚不是奢侈，只是日常。有个在北京生活过的同事甚至带着几分同情和我说："在北京啊，约个朋友吃饭，哪里顾得上哪里好吃哟，都是找折中的地方，路上两个小时，吃两个小时，回家就半夜了。我们这儿，都是先挑哪里好吃，想着啥子时候聚，五分钟就见上了。"

---

[①] 本节为原创文章，作者曾昕，中国社会科学院新闻与传播研究所助理研究员。

不仅朋友易聚,朋友的家人,也像自己的亲人。你极少看到"三三两两",两三家一起聚,都很常见,因此饭店里常见的是六人锅、十人锅。餐馆的晚上总是热闹到喧哗,几家好友意犹未尽,从晚餐一直延伸到夜宵。挚友总陪伴在身边不远处,能一伸手便触摸到幸福。朋友的家人成为血缘之外的亲人——孩子们的干爹干妈,多是父母的朋友,几乎像自家父母一样看着孩子长大。哪家做了好吃的,几家孩子都跟着享福。谁家的父母有事,孩子从不愁没人看管。校园里的孩子,说起苦恼,大部分是说考分不高,没有听到"孤独"二字。当地人说,为啥子火锅这么火呢,因为最适合聚会啊,随时都可以来,随时都是热腾腾的。

快节奏的都市生活,忙碌的工作、应酬,拖着疲惫身体晚归的落寞和麻木,在这里是看不到的。人们下班回家,下班前的问候语是"上哪儿安逸?""哪儿要去?",娱乐承接着工作——白天的工作之外,总对一天剩下的时间充满期待。

他们可以抓住每一季的幸福。这里很少有"大棚菜",食物像四季一样分明。对于外省人,居民会津津乐道地告诉你,这个季节什么菜好吃,在哪里可以买。比如四月的樱桃,"黄粉黄粉的,和山东的不一样,酸甜的,最营养"。笔者过年回家,同事给准备了一个大箱子,里面有十斤豌豆尖。"我们这儿的豌豆尖最好了,过了这几天就不好吃了!有人到省里当了领导,每次回来还要带点儿豌豆尖走呢。"他们描述应季蔬果,了如指掌,满满的自豪,仿佛诉说自家的珍宝。

春天,赏花是不可错过的。三四月份,整个朋友圈都是一片花海。当地没有火车站,居民会特意开车或者坐上两个小时的客运,到附近郊县去看花、拍花。女同志化好妆,三三两两,拈花而笑,互拍和美颜,现实中、手机里都是一派春色。秋天,很多人开着小车去九寨,去稻城亚丁,经济条件稍差的,也要去附近的平武——他们讲究玩,讲究在最合适的季节去最合适的地方,游客再多,也不能错过"时节"。观赏四季,体会草木的变化,每个季节的快乐都不同。

天气好的时候,房门旁可以看到老人纳鞋底的身影。县城里有一家很大的"鸿星尔克",县城中心大大小小的店面也有各个价位、真假品牌的鞋,但这里的老人相信,自己纳的鞋是最舒服的,冬天保暖,夏天吸汗。太阳下,婆婆们一边纳鞋,一边聊天。孩子们都在做什么,孙子们喜欢吃什么,东家院子里种了什么菜西家要不要拿一点儿……也抱怨老头子的种种"罪行",但手里还是纳着他的鞋底子。双手的温度,就这样传递到爱人的脚底。不必等临行,依旧密密缝。日出日落,鞋底密密匝匝地纳好了,老人们也带着一天的"信息量",心满意足地回家做饭去了。

县城里很流行DIY的手包,中年女人们在网上买了金属扣、布料包,回来自己一针一线地做。县城中心商店里各种价位的手包都有,但她们还是喜欢亲手做了送给闺蜜,"买不到重样的嚛,自己做的,感觉不一样"。这里的女人没有"包治百病"的论调——她们不认识国际品牌,也不在乎出门是不是背着一只有LOGO或者材质稀有的包,她们也不需要通过时尚杂志或小红书来告诉她们,什么是高质量生活。如果有炫耀,会是"这是我女子(当地对女儿的称呼)做的","这是我姐给我缝的,特别帮我配这件衣裳的"。物品承载的不是价值,而是人情。

## 二、幸福在宏大也在细节

这是一个讲究仪式感的地方。小学生入学,有"开笔礼",孩子们要向老师行古代私塾里拜师的礼节,老师会用毛笔,在孩子们眉心上点一点朱砂。校长说,要通过仪式,给孩子们的童年留下"重要的时刻就是和平时不一样"的美好回忆。

在当地询问,人生中最重要的事情是什么,答案十有八九是"结婚"。无论收入高低，居民们乐意为"一生一次的人生大事"买单。婚纱照风格、婚礼现场布置、仪式流程、请柬风格、新郎新娘的婚纱礼服、婚礼配乐等与一二线城市非常类似，展板通常用简单的英文花体字，书写双方的名字与简单的祝福语。结婚是要庆祝很多天的。除了给婚礼宾客、单位同事、邻里发糖之外，稍微熟悉的人，街上遇到了，都要告知和祝贺，这被认为是喜庆的延伸。

喜事之外，丧事也有重要的仪式特征。与"城市化、国际化"丧事不同，丧事不仅非常本土化，且各城镇根据风俗，呈现出本地化而多样性的特征。有些乡镇要请专门的守丧、送丧团队；有些守丧仅是家人，而送丧则是整个亲族还有外请的送丧队伍。守丧的人们，有悲伤，也有慰藉——他们相信，如果送丧送得好，把亲人送到更好的地方，还会保佑他们。当地很多土地庙，供奉的不是神灵，而是自己的祖先——自己的祖先，是最灵验的神明。

作为人口大县，居民重视婚嫁，也重视孩子的童年。"欢乐童年"的招牌是商家吸金和家长乐意投入的重点。婴幼儿商品店是县城的一道风景，国际化程度与大城市几乎无二。精品店配有婴儿水疗项目、婴儿游泳课，还有"婴儿博士创新游泳五步套餐"，包括测量婴儿生理指标、有氧促进身体系统发育、激发早期潜能等项目。隔着落地玻璃，可以看到穿着过时而一脸幸福的祖辈脸贴着玻璃，望着衣着鲜亮的服务人员"侍奉"自己的孙子。

这里重视教育，但教育不是为了"远大前程"。在当地学校做讲座的时候，和孩子们讲述清华、北大、国外的高校，以通过自己的奋斗和进取体会不一样的人生……一个12岁的小姑娘说，那会耽误结婚生小孩吧？在她们幼小的心中，城市化的生活、国际化的教育并不比寻常人家和天伦之乐更有吸引力。这里的中学有一半的孩子上大学，不上大学的孩子，也开开心心地憧憬着，做点儿小生意，或者出门打工，或者尽快结婚生子，没有前途迷茫的焦虑。

"大事"之外，生活细节也具备一定的仪式感，居民非常乐意为日常琐碎的美好事物买单。虽然人均收入不高,服装店、美容院、化妆品店……都很兴隆。置家是一笔不可或缺的开销。城镇家居产品颇受欢迎。县城中心地带隔几十米,就有一个家居店,床上用品销量颇高。顾客往往是亲眷一同前来,在床品选择上,"亲眷"不仅是陪伴,也要出谋划策。家居店、窗帘店、花店……,能为家庭布置增添一抹亮色的铺面,都很普及。居民们愿意为生活情趣买单和花费心思。很多人并不懂"情调"一词,但他们相信,小物件可以增添生活的美感。

## 三、幸福在休闲与交往

广场舞作为一种集娱乐健身于一体的群众活动,在全国大中小城市屡见不鲜。在县城里,广场舞是一场全民性的活动。不限年龄性别,具有普及性。幼儿、青少年、中老年都是广场舞不可或缺的"主体",很多父母和祖父母也带着刚刚学步的孩子,在队伍后面跟着节奏舞动。这里的孩子,一部分童年都是在广场舞中度过的。没有人觉得广场舞是"土的""老年的""扰民的"——所有污名化的标签,在这里的广场舞中都不存在。广场舞被理解为健身,甚至舞蹈艺术,甚至一种欢聚。

棋牌也是当地集娱乐、益智与交往于一体的快乐活动。有棋牌局的地方,就不乏欢声笑语。当然,也有因为悔棋或者各种原因动气争吵的,老人像一群较真的小孩子,天真得面红耳赤,很快又在一片哗啦啦的洗牌声中一笑泯恩仇。

县域设有免费老年学校。老人可以自己选择书法、舞蹈、棋牌,独乐乐或众乐乐,打发时光,也丰富生活,晚上再被孩子接回家中。老年大学中的老人们自发形成小组织、小团体,他们也会结伴在近处出游,并在朋友圈分享日常,形成"线上线下"交流互动。他们不仅是老年学校的参与者,无形中也是宣传者。

无论是广场舞、棋牌局,还是老年大学,其社会功能、娱乐功能都得到当地居民的普遍认可;不同年龄段的人参与其中,也能得到家人的普遍支持。"恐老"的人很少,并没有大城市中用一系列政策、补贴、公共服务等来弥补养老问题的迫切需要。人生自然地东升西落,一切都是舒缓的、自然的,每一个弧度都很松弛。

县城里常年熙熙攘攘。没有现代社会城市化中出现的"中空现象",县城的年轻人外出务工者不多,大部分选择在故乡安居乐业,或短暂地学习、创业后回到家人身边。尽管当地收入不高,而林林总总的与家庭、亲族相关的商业和产业都极为发达。人生大事有隆重的意义和高额投入,日常休闲有温度和细节。

## 四、结语

大城市钢筋水泥的孤独感,仿佛离他们很遥远。家庭现代化形成的亲族割裂感、消费对日常生活的压迫感、休闲的商业化、教育对儿童与家庭的双向挤压……都没有侵蚀他们的幸福。他们全心享受着充满乡土气息的娱乐与交往,打造着没有完全被商业物化和文化"教化"的生活情调。同时,"亲密关系"贯穿于整个人生。"人生幸福的××个条件"不足以描述他们的怡然自得,他们对生活的快乐感知尚未被科技与消费所代言。闲情逸致的休闲,浓浓人情的交往,已经填充了他们对快乐的践行与美好生活的期望。

## 思考问题

1. 乡村具有哪些新的文化形态？具有什么社会意义？
2. 乡村文化的时代性与内生性存在着哪些勾连与差异？
3. 如何积极地引导和发现乡村的时代性特征？

## 延展阅读

1. 王芊霓:《污名与冲突:时代夹缝中的广场舞》,《文化纵横》2015年第2期。
2. 牛耀红:《社区再造:微信群与乡村秩序建构——基于公共传播分析框架》,《新闻大学》2018年第5期。
3. 辛逸、赵月枝:《乡村春晚、女性主体性与社会主义乡村文化——以浙江省缙云县壶镇为例》,《妇女研究论丛》2019年第2期。

# 第四章

## 业余性原则——融入日常生活的文化实践

## 引言

王昊

乡村文化是扎根于乡村并且由人民在生活实践中逐渐形成的,因此长期以来与农村、农民和农业有着密不可分的关系。农村的建设,农业的发展,也使乡村文化在农民的辛勤实践中获得了长足的进步,特别是改革开放以来,农村无论在政治、经济还是文化上,都呈现出了欣欣向荣的发展局面。近些年来,国家对文化建设又加大了力度,全国各地的乡村文化之繁荣可谓是百花齐放了。各界人士的重视和支持让一直崇尚民俗文化或其他技艺的村民们更加执着了,有些发展较卓越的甚至已经进入了大众视野,声名远扬,为更多的人所研习。

在乡村振兴过程中,关于文化建设,国家一方面进行文艺表演下乡惠民活动等文化事业实践,另一方面鼓励乡村发展文化产业。这些实践固然使乡村文化获得了一定程度的发展,但是在社会主义市场经济的背景下,难免会有一些人打着发展文化产业的旗号过度重视经济利益而忽视文化本身的意涵。比如,在通渭这一"中国书画艺术之乡"中,有些人就完全脱离了农民身份而改行做职业书画家,还有些成为经纪人,做起了书画交易。利用本地的文化资源使之成为当地人脱贫致富的一种途径是无可厚非的，但是从整个乡村文化的角度讲，把资源优势转化为经济优势绝不能成为村民的唯一选择。

虽说当今散落在民间的各种文化艺术也是众彩纷呈，但是实际的情况却不容乐观，自20世纪90年代以来，许多民间文艺的生态迅速濒危，原本处在普遍状态下的民间文艺已不可避免地向职业化状态转型。而在转型的过程中，不只是规模发生变化，其文化内涵和功能所指也在趋于变异。尤其是在过于依赖政府和市场的背景下，其精神内质发生了改变，也就意味着很多民间文化其实是名存实亡的，这是从文化本身的意义来讲的。然而更重要的在于乡村文化对乡村建设的价值。乡村本土诞生的文化是围绕民众个体的生命观及群体的社会生活而展开的，表现出人与自然的关联中最为根性和直接的物质需求和精神关系。将乡村文化职业化就意味着文化脱离了农村生活，实际上就是文化丧失了本来的意涵，乡村之魂消散了。因此文化不应该成为农民的主业，只能是不可或缺的业余生活。

乡村文化的业余性是相对于专业主义来说的。专业主义，一方面意味着技术含量较高，另一方面则是与经济有着绕不开的联系。而业余性的文化活动，更多的是作为村民的一种具有消遣娱乐性质的实践，从事此类文化，多半是出于兴趣爱好，闲暇时候图个乐子，以此来丰富业余生活。当然还有一些具有传统仪式性质或有着服务于乡村生活的实用价值和功能，但无论怎么说，都是把经济边缘化了的。此外，也正是由于乡村文化的业余性，村民们哪怕经过多么长久的传承，始终不能将之与专业的文化活动放在一个平台上度长量短，因为本就不在一个频道上。但现实情况却是很多人以专业主义的标准来要求乡村文化的发展，岂可得乎？一个是亿万劳动群众对史前文化长期发展延续而形成的一种群体文化，另一个是前者派生出的由职业化的艺术家创造的个体文化。一个是对乡民生活的自我表达和体现，另一个则是追究艺术性的美。

我们说乡村文化是以人民为主体，扎根于农村，服务于农业生活的，业余

## 第四章 业余性原则——融入日常生活的文化实践

性原则在乡村振兴的实践中发挥着不可估量的作用。相关学者在这一方面进行了深入的调研和分析，认为业余性原则具有超越专业主义的实践可能性。下面我们通过坚持业余性原则的可能性、必要性以及优越性三个方面进行简要解说。

首先，业余性原则是一直潜生在乡村文化里面的，因为农民的主业永远不可能是文化娱乐，文化娱乐是农民不可或缺的业余生活。无论是乡村春晚还是农村业余剧团，都是农民群众自己的一种业余组织形式，其活动原则是"业余、自愿、小型、多样"。剧目的排演总是在农民群众空闲的时候，不影响正常的农事活动，在保证农村经济建设时也提供了一种丰富生活的方式。而且都是自己演自己看，并未走上专业化、规模化和营业性的道路。此外，从农民生活实践中衍生出来的多种民间工艺的业余性更加突出了。相较于乡村的文艺演出具有愉悦广大群众的作用，民间工艺是直接服务于农民的衣食住行的，具有较高的实用价值。民间工艺在感知上部分依赖视觉，但其立体化的生活功能却远远超越了视觉标准，这其实也是我们不能用专业主义的标准来要求乡村文化的原因，由此保证了其业余性。乡村文化的重心不在于创造多少经济价值，而是让一个乡村通过文化的发展真正振兴起来。

中国长期以来的乡村文化发展并不是一条需要摸着石头过去的河，也不是一个空想的主意，浙江省的农村业余剧团已经发挥了示范作用。业余剧团的演员们坚持到现在热情依旧高涨，他们靠拉赞助、自我捐款等方式置办道具，免费为乡村、社区、学校演出，一位小生演员胡振鼎说："都是为了自己的兴趣爱好，自己开心投钱进去也无所谓。"由此看来，乐于服务的农民个体对艺术文化的执着追求其实也为乡村文化坚持业余性原则提供了极大的可能性。

其次，坚持这一原则从很大程度上来说是不可不为的，是必要的，这不仅是社会主义的要求，与中国的发展道路相契合，正如上面已经提到的可能性，同时也是坚持人民主体地位的表现。乡村文化发展到今天保留的多是"民间文化",区别于"官方文化",是千百年来广大人民群众自创的,主体自然是人民自己。古代的"官方文化"群体和近现代社会的职业艺人都具有专业主义性质,文化创作成为他们的主业,不经大量专业学习和严格训练是难以担此重任的,因此多数人民群众是没有资格来参与这种文化创作的。文化属于人民,人民是文化的主体,难道就是推广文化展演下乡活动吗?难道就只是创作出人民大众喜闻乐见的社会主义文化吗?断乎不是!人民要求的不仅是做消费者和接受者,更是成为文化的创作者和演出者,人民群众参与文化发展的每一环节的权利都不应该被剥夺。那么我们就必须尊重乡村文化的发展路径,乡村文化有其自身的发展特点,如果以专业主义的标准来要求那就错了。乡村里的每一个农民都有权利展示文化,无论给人的视觉效果是怎样的。并且不能把农民往职业艺人方向带领,如果追求在此,那么人民的权利就无从体现了。正是由于农民在文化发展中扮演着非专业性的角色,每个水平或高或低的人都能无所畏惧地参与到其中,乡村文化才能名之为乡村文化。只有坚持了业余性,人民的文化权益才能得到最好的保障。

  权利与义务总是密不可分的,在文化方面,人民的权利和义务实际上是一个问题的两个方面。在乡村文化中,村民个体传承文化是义不容辞的。每个人都是民族、国家和社会主义的建设者,致力于传承乡村文化的村民在具体的实践中深刻地明白这一道理,他们在为社区服务的过程中意识到农民艺人的人生价值和意义得到了重构。在通渭这一"中国书画艺术之乡"里我们可以看到最好的传承,家家挂书画,人人练书画,耕读精神早已融入了通渭人的血液中。文化的传承就是要达到这种大众化的程度,就是要有这种代代相传、绵延不断的状态,不管是成人还是孩童都要有这份担当和责任。打钱杆这一为孩子们量身定做的民俗活动抑或说只是一种传统的游戏,为孩童作为乡村文化传承的主要生力军做了很好的解说。很明显,孩子们是作为业余性文化工作者存在的特殊个体,但其所代表的意义也是不可被轻视的。难道因为一些农民的文化教育水平低就不能欣赏书画了吗?难道因为孩童幼小就不能体验文化活动了吗？传承乡村文化的义务不能只放在职业文化工作者的身上。

最后一点，一再强调的乡村文化需坚持的业余性原则确确实实是有魅力的，它本身有着极大的优越性，吸引着广大农民通过文化艺术创作成就一个更好的乡村。乡村文化具有群体性、公共性和集体性的特征，利用了地缘、亲缘关系，是一种共创共享的文化实践。通过这种社群的文化活动，村民彼此之间是可以有更深刻的认知的，在拓展自己社交范围的同时也在潜移默化中重构了乡村认同感。这就不同于资本主义工业文化独立性的逻辑，不同于电视上文娱节目中的有多么高超的表演技巧的艺人们，乡村文化正是凭借着业余性将人与人之间经济关系的重要性边缘化，他们在乎的是整个乡村发展的方向，关心的是如何让乡村振兴。思想上让村民们形成了对乡村的认同感和归属感，行动上又怎能不团结起来想方设法地致力于乡村振兴事业呢？

## 第一节　业余、自愿、小型、多样：农村业余剧团[①]

农村业余剧团是体现乡村文化业余性的一个很好的案例，自1950年以来，农村文艺活动中便一直可见它的身影。其演出方式、演员学习方式、剧团运行方式都是业余的，但恰恰是在业余中，这种文艺实践最大限度地与农村社会结构镶嵌在一起，不仅成为一代人的记忆，而且在今天的群众文化活动中依然以某种方式延续着，比如各地广泛存在的农村文艺志愿者组织。

沙垚、赵月枝

编者按

---

[①] 本节改编自沙垚、赵月枝：《集体性与业余性：1949年以来浙江省缙云县婺剧实践的理论启示》，《杭州师范大学学报（社会科学版）》2020年第2期。

## 一、重返群众文化

近年来,乡土文化复兴,很多地方基于传统的文化形态做成大IP,比如从戏曲、古村、非遗、茶叶等角度切入,大力发展乡村文创和旅游产业。与此同时,中央反复要求"以人民为中心",重提"阶级基础"和"群众观点",并将之作为党的十九大精神的细化和深化。这两种话语和实践在当代农村并存,却甚少对话,前者以产业发展为目标,后者多存在于意识形态宣传和总结报告中。

仅有的对话大致遵循如下框架:一是文化弘扬,二是产业发展,三是农民增收。显然,这是在"文化搭台,经济唱戏"的逻辑基础上增加了农民增收这一维度并作为农村"群众观点"的落地。在当前落实意识形态工作责任制、文化大发展大繁荣、产业振兴、乡村振兴等战略要求之下,基层干部很难找到一个总体性的实践框架可以将"政治""经济"和"文化"统筹安排,让它们各就其位、各司其职。不得不说"文旅产业+农民增收"是一个能够令诸方满意的方式。

稍加推敲,我们就会发现,在这个框架中,"文化"和"政治"一定程度上是为"经济"服务的,而增收的农民是以一个被动参与者的角色分享"经济"的红利。比如各地乡村旅游景点的民俗表演,参与其中的农民每天可以有200—300元的收入。但这种以营利为目的的文化是否已经抽离了有血有肉的村庄?漂浮的、展演的文化活动还能否在社区中撑开一个"公共领域",承担应有的功能?这一看似具有统筹性质的框架似乎遮蔽了乡村文化与主体的实践和探索,或者说是用文化主体"参与"的表象割断了文化与社区内在的有机关系。

所以,我们重提"群众文化",重新扎根历史领域,一方面,希望通过对历史对象的审视,来"与当下对话,并且批判当下";另一方面,或许可以借用刘岩在研究东北工人文化时的叙述,他之所以要再现和讨论"东北老工业基地历史的各种文本与文化现象",是希望"最终抵达对蕴含社会主义经验的文化生产的未来可能的尝试性探究"。

我们来到浙江省缙云县。它位于浙江省南部山区,三面环山,交通不便,但素有"婺剧大县"之称,是婺剧繁盛之地,具有深厚的群众基础。1950年代初,全县尚有古戏台141座。民间婺剧团最兴盛时期,曾有200多个大大小小的婺剧班社。所以,在很长一段时间里,婺剧是缙云县农村主要的文化形态,农民通过看戏,了解国家的科层体制,接受礼义廉耻的道德教育,也在看戏中想象着美好的爱情,幽默的戏引人哈哈一笑,武打的戏热闹起劲……总之,戏曲传播,既有高台教化,又有文化娱乐,还有社区维系以及作为民间仪式的功能。

1980年代之后,以农村人民公社的解体这一重要的制度性变革为基础,中国引入市场经济的生产与消费模式,对乡村文化来说,一方面,大量劳动力外流,导致很多地方的传统戏曲因缺少表演者与观众而演出频次锐减;另一方面,电视、智能手机、互联网已经融入村民的日常生产生活之中,传统的传播活动受到不同程度的冷落。但是,根据缙云县文广新局的资料,截至2016年,全县"本地演出每年3000场以上,市场容量300万人次,参与互动的人口众多,几乎一年到头演出。从业人数达1500多人,年演出在1.5万场次以上,年收入达5000多万元,观众达1000多万人次,并带动戏服加工、运输、灯光音响、饮食、百货等产业链的发展和文化消费,年交易额均在1亿元以上"。2017年春节,我们在缙云县调研,发现每天都有民俗活动,包括婺剧唱戏,每天都有数以千计的观众。在很多地方戏曲已经式微的大背景下,为什么这里的戏曲依然拥有这么大的吸引力?

## 二、农村业余剧团

缙云县有一个距离县城60公里山路的村庄——上坪村。1952年,上坪村成立了文艺婺剧团,这是一个农村业余剧团。

对缙云县上坪村1950年代农村业余剧团老艺人进行焦点小组访谈,沙垚提供

什么是农村业余剧团?它是农民群众自己的一种业余的文娱组织形式,其活动原则是"业余、自愿、小型、多样"。不同于专业剧团,它具有更为广泛的群众性。文化主管部门规定,关于节目,农村业余剧团当以社会主义、爱国主义、宣传集体化、发展农业生产为主要内容,同时内容健康,不违反社会主义原则,为群众喜爱的优秀民间传统剧目,也可以上演。关于活动时间,业余剧团应根据农村生产季节的特点,以在本村本队活动为主。应本着农忙不活动、农闲时间适当活动的原则,排戏、演戏,必须利用节日、假日、雨天等农事空隙时间进行,不得占用生产时间,不得影响社员休息,更不得因排、演戏而记工分,如邻近村庄没有业余剧团,需要交流或联欢演出时,经过双方生产队同意,可以流动演出,但必须遵循两个原则:第一,不得妨碍农业生产;第二,不得作营业性演出。

因此,戏曲演出、交流活动常常在春节期间进行。项一中老师回忆儿时经历:"过年、初一,戏班在村里演,是免费的,演员在自己家吃,演给自己村里人看。初二各家要拜年,村里不演戏。到初三初四,就出去演,到隔壁村。那时候几乎每个村都有戏班,但不是每个村的戏班水平都高。有些村过年、初一自己的班子演一下,村民都嫌弃,到初三就请周边村的戏班去演。一般都是村民认领演员到自己家里吃住,条件好的村民,认领两三个演员,条件差的就认领一个。"

要成立农村业余剧团,首先是人,一个农村青年,如何从农民变为演员?戏曲演员的学习与养成是社会化的、业余的。拜师学艺固然重要,但这只是学习过程中的一个环节,更重要的是他们从小受到村庄中戏曲氛围的熏陶。

来自缙云县另一个村庄——河阳村的婺剧演员朱马成告诉我们,他直到2000年之后才跟胡定才老师学戏,年幼时学戏全靠自己的兴趣。以前农村没有什么娱乐方式,就是看看戏,大家在田间地头也都唱这些戏文,作为劳动之余的休闲放松方式。自己放牛时在山坡上没事的时候也会哼两句,也会拿着锄头、泥锹当大刀耍起来。老戏恢复(1970年代中后期)之后,河阳村的文化礼堂有了电视机,看电视是要买票的,三分或五分钱一次,朱马成常常去看电视,电视节目里戏曲节目较多,他在电视里看了之后就记下来自己学,招式动作自己回家练习,再跟到村里来唱戏的老先生请教,再后来,县里的文化馆为各个村举办了七天的学习班,朱马成在这期间将基本功都学会了。

朱马成的经历在缙云县也有一定代表意义。根据他的经历,我们可以将戏曲演员社会化的学习机制概括为如下几个关键词:业余学习、媒介参与、师父指点、技术培训、自主练习,这五个方面在具体的日常生活中相互交织,共同发生作用。也正是由于这一社会化的学习方式充满着不确定性,因此戏曲的程式、剧目在代与代之间的传承也相对随意和业余。朱马成等任何一个戏剧传承者都可以根据自己的喜好,以及客观条件的限制改变一些唱词或程式。今天舞台上一出戏的样貌,是一代又一代的农民艺人在学习与演出的实践中不断加入自己的理解进行再生产才得以形成的。直到今天,每年6月份排练新戏,还会无偿在戏曲底蕴较为深厚的村或社区进行。排练期间,附近的戏迷们就是最早的观赏者和品评者。排练将结束时,剧团无偿为该村或社区奉献3—7场戏曲大餐。换言之,戏曲剧目、程式的生产与再生产是历代农民艺人在集体实践中共同完成的。

这是民间戏曲的特点,同时也是专业或职业演员嗤之以鼻的地方,在他们看来,一招一式不可轻改。由此,我们也可以看出"专业"与"业余"的区别,对专业演员来说,专业性、艺术性是其行为原则。但在农村,戏曲是一种生活方式。比如官店村一位老演员说"我们村就是能上台的都上台,上台能演戏,下台能种地。……从田里回来,不找个事玩一玩,就空虚,大家都有这个文艺爱好,村里整体的氛围就好起来了。打工没关系,晚上也有时间,也有休息时间,只要是你喜欢,就有办法的"。

学成之后的演员们组织起来成立戏班。但是按照规定,农忙时必须保证生产劳动,这是主业,只有农闲时才能演出。因此生产队与农民艺人一起创造性地探索出了"半农半艺"的戏班组织方式。这是一种适合农村生产生活结构的方式,将文艺娱乐与农业生产有效结合,互不影响。上坪村文艺婺剧团成立时一共有30多个人,作为演员并不是每一场演出都必须参加。有演出了,五六个年长的召集人共同发出邀请,其他演员中谁会唱这出戏、谁有空、谁愿意出演就参加。农村业余剧团的业余性体现在:第一,戏班组织相对松散,戏班演出和角色没有固定的人选;第二,演员的专业水平有限,常常会碰到不会演的戏;第三,演出对演员来说不是主业,是业余的文化活动。

尽管是业余的文化活动,但在1950—1970年代的历史语境中,农村业余剧团完成了三项重要的使命:第一,宣传共产党的方针政策,开展群众性自我教育,不断提高群众的社会主义觉悟,如张炼红在《历炼精魂》一书中所说,很难想象,新中国成立之初社会政治文化转型,如果没有这样一支"指挥自如、训练有素且能广泛深入民间的群众性宣教队伍,那么各项政策的上传下达还能否进行得如此顺利";第二,以促进农业生产的发展为导向,鼓舞群众的劳

## 第四章 业余性原则——融入日常生活的文化实践

动热情,要求演员不能脱离生产,演出不能妨碍生产;第三,为群众提供日常化的文化娱乐。

组织戏班需要戏服、道具等行头,这对戏班来说是重要的生产资料,生产资料的来源决定着戏班的性质。在1949年中华人民共和国成立前,由于戏班的行头常常是地主财东提供的,因此戏曲演员成为他们雇佣的文化劳动者。那么,1950年代开始的农村业余剧团的生产资料从哪里来?

朱马成提到,河阳村婺剧团在人民公社时期,是由村民自己生产戏服、刺绣、做道具,家家户户都做过这个,结果也导致了村剧团的戏服道具比县政府官方剧团还要多、还要好。这是一种由生产队牵头,组织村民进行媒介资料的集体生产的方式。

上坪村文艺婺剧团生产资料有五个主要来源:第一,上坪村部分村民主动捐了一些钱;第二,打草席是上坪村的传统手工艺,演员及其家庭成员利用空闲时间打草席,卖掉之后的所得全部捐给剧团;第三,演员们到山上"挖柴根",都是四个人抱不过来的大树,此前村民为了搞社会主义建设,都上去把木头锯了卖掉,剩下了好多树根,唱戏的演员就去挖树根卖;第四,有时候演戏会收到别人送的白糖,也拿去卖;第五,戏班到邻村或别的村庄去演戏,演完戏都会收到一个红包,多少钱并不是确定的,但是给多少是多少,演员不会公开要价,这部分钱,也是用来添置行头的。这个传统一直保持到1980年代中期,尤其值得一提的是,剧团在上坪村本村演戏是义务,不收钱的。所以,村民的捐赠、卖草席、卖树根、卖白糖、唱戏收入都是集体生产、集体创收、集体使用,具有群众性、公共性和集体性。

这里有必要讨论一个问题,既然不是为了挣钱,演戏是义务的,不仅如此,他们还需要用其他家庭收入来支付演戏的道具开支,那么业余剧团的演员们为什么而演?这是一个按照经济逻辑无法解释的问题。村里的小生演员胡振鼎说:"都是为了自己的兴趣爱好,自己开心投钱进去也无所谓。"

一方面通过发动村民为戏班捐赠行头,另一方面巧妙地利用地缘、亲缘关系,以及传统的价值观念,调动起农民艺人的文化热情、自我展示和服务意识,从原来的挣钱养家糊口,到现在的利用自己的能力为生产、为他人服务,在这个过程中,他们意识到自己的演唱不仅对亲人、对社区,甚至对民族、国家和共产主义都做出了贡献,借此重构了农民艺人个人的人生价值和意义。如自愿熬夜排练,到公共工程"古方塘"为村民演出《战方塘》,动员其他群众以更积极和主动的姿态参与到社会主义建设中来。如傅瑾所说:将艺人们从那种仅知道通过演戏挣钱度日的"麻木"状态中"唤醒",让他们感觉到在新社会所肩负着的无比光荣的责任。

### 三、业余性与集体性

从社会关系的层面来看,人民公社时代缙云县婺剧在民间的传播呈现出两个关键词:"集体性"与"业余性"。农民艺人唱戏是一项业余的文化活动,无论是其"半农半艺"的组织方式,与农耕型社会结构相吻合的演出方式,还是其表演水平与节目内容,尤其是政府规定,"业余性"是农村业余剧团得到许可的首要原则,严禁向专业化、规模化与营业性的方向发展,这些制度保障了剧团的社会主义属性,杜绝了向资本主义逻辑的生产与传播方式转型的可能性。

与此同时,业余剧团归村集体所有,不是私人、私营的剧团。必须在党、政府领导下有计划地安排活动;缙云县文化馆、县属专业剧团可以在业务上指导业余剧团,介绍推广和供应演唱材料,协助培养骨干力量。业余剧团内部是集体领导制,由几个资历较老、经验丰富的演员共同决定剧团事务,团长与演员之间不存在雇佣关系,而是集体协作关系。1980年代之前,剧团全部经济收入,集体管理、集体支出。1980年代之后,剧团开始盈利,分配时将总收入按人头均分。

无论是戏曲的表演者,还是观众;无论是戏曲的学习机制,还是生产资料的获得、戏曲活动的传播;无论是戏曲的组织方式,还是其在实践中生产出的社会关系,都是集体性的。这与资本或市场主导的文化生产和传播机制有着本质的区别。从农民"去集体化"地坐在家里看电视开始,乡村就逐步卷入文化工业生产和消费主义生活模式,人逐渐呈现原子化、个体化、陌生化。我们在缙云县寻找蕴藏在历史实践中的力量,对于告别个体化的文化娱乐,重返集体性的文化活动,在当代断裂的社会结构中获得更好的生存与发展,有重要的意义。

同时,我们发现,当代世界社会分工日益明晰,专业化程度越来越高,这并不是21世纪才开始的。为什么在20世纪,各国在现代性的道路上狂飙猛进的时候,中国乡村文化传播却独辟蹊径,要求坚持戏曲的业余性?业余,因其不是主业,就不会追求经济利益的最大化,从而保证了文化传播活动的相对纯粹性;业余,挑战了脑力劳动和体力劳动日益分野,体力劳动者和脑力劳动者缺乏交流沟通的现实的社会结构,重新回到马克思,回到"生产者联盟",或"劳动者联盟",这种联盟不仅指物质生产者的联盟,还包括体力劳动者和脑力劳动者的联盟,物质生产、文化生产和意义生产相互联结。更为重要的是,脑体劳动从"联盟"到"合而为一",达到马克思所期望的"上午打猎,下午捕鱼,傍晚从事畜牧,晚饭后从事批判",在这里猎人、渔夫、牧人和谈判者、诗人的身份是可以在一个人身上实现统一的。如同在农村业余剧团,很难说一个人是农民,还是演员,因为其身份是双重的、合二为一的。所以,业余性在某种程度上重启了当代社会知识分子、白领等与工人、农民相联结并进而有机统一的进程,成为一个模糊的中间地带。

更难能可贵的是,缙云县这种"集体性"与"业余性"在今天的群众文化活动中依然以某种方式延续着。根据缙云县婺剧促进会的资料,"2015年共有16个婺剧剧团,其中3个为专业剧团"。换言之,当下缙云县农村依然还有13个业余剧团存在。比如2006年,上坪村重新成立"缙云县上坪村婺剧团",这依然是一个村立集体剧团,因为:第一,村集体曾出资1000元用于剧团成立,赞助了3件戏服;第二,团长和演员不存在雇佣劳动的关系,而是集体协作关系,分配方式沿用集体化时期的分账方式;第三,从人员、组织方式等方面,这一剧团与1950年代的业余剧团之间存在某种传承关系;第四,老艺人唱戏主要是为了自己开心,不以挣钱为目的,团长是集体讨论推选出来的有威望、有资质的人。虽然,这两年随着老人的离去或者死亡,或者跟随儿女搬到城里居住,剧团从30多人减少到20多个人,演出已经很少了。但是,剧团的活动从来没有断过,至今依然还在坚持演出。

除了婺剧,缙云县还有着其他丰富多彩的群众文化活动,比如2015年,全县共有880位村民受到业余婺剧培训,17000多人在参与广场舞活动,共有107台村民自己策划、组织、表演的"乡村春晚"。这些都是在从事农业生产或外出打工之余进行的,体现了"集体性"与"业余性",以及文化的组织力与生产力。试举一例:朱盈钟是缙云县一位农村机械修理工,但由于热爱婺剧,2017年在镇上成立了"新建镇民间戏剧联谊会",全会现有141个会员,他们通过拉赞助、交会费(100元每人)的方式筹集了10万余元。他说:"2018年,一是到别的村子去唱,在舞台上、祠堂里进行文化交流;二是文化局安排的,他们安排了6场,我们演了9场节目,小品、婺剧、三句半、舞蹈都有。"

## 四、结语

在农村文艺实践中"集体性"与"业余性"的回归,或者说其本身便是未曾完结的实践,有着深刻的时代与历史根源。首先,当代社会急剧变迁,在日益全球化的城乡结构中,农村处于弱势地位,通过重新召唤"集体性"可以达成一种新的团结,以应对时代的种种风险。不仅仅是婺剧,与之相对应的还有广场舞、乡村春晚、庙会社火等,都是将文化实践重新拉回到集体的维度,从而告别作为"沙发里的土豆"的原子化的电视观看行为。其次,20世纪的历史实践留下了丰厚的组织遗产,比如官店村每年乡村春晚的大背板上都写着"1950—",这说明村民们并没有把当代的春晚当作一个新发明的文艺实践,相反,在村民眼中这是1950年以来的春节文化活动、农村业余剧团的延续;

同时,21世纪以来不断深化文化体制改革,缙云县国营婺剧团裁撤,很多专业演员分流到民间,对农村群众文化的繁荣和发展起到了重要作用,他们经历了一个从专业到业余的过程,最终将婺剧融入日常生活,化为农民的一种生活方式。

## 第二节　民间美术的民间性[①]

何谓民间美术的"民间性"? 业余性是其重要内涵。民间的手工工艺,是乡民建构生活和自我表现的方式,常常也是对神灵敬畏的虔诚表达。既不是为了取悦外来者的视觉,也不是为了职业化的商品买卖。工艺的制作过程是民众生活方式的紧密部分,脱离民众日常生活的、职业化的工艺品就失去了民间性。

张西昌

编者按

1984年第5期的《美术》杂志上,刊登了程征先生的一篇文章——《大海也要枯了吗?》,在文中,他对当时民间美术生态的"沙化"现象流露出较早的敏感和忧虑。25年后的某日,笔者和王宁宇先生在他的画室里聊关于民间美术的问题,他诘问道:"你告诉我,苏州(我那时刚从苏州回陕)有什么民间美术? 顶多是有些'工艺美术'罢?!"笔者所举的这两个小例,有联系也有区别。程征先生所言的是时代语境变异导致的民间美术资源减少的现象。王宁宇先生所指,则是就貌似相近的同类项的内涵差异进行追问。结合改革开放以来的中国社会背景,其实我们不难发现:在传统民俗语境消退的过程中,民间美术不仅仅是在数量上趋于减少,同时更在内质上有所变异,越来越呈现出

---

[①] 本节为原创文章,作者张西昌,西安美术学院美术史论系副教授。

职业化的趋向。

"民间性"对"民间美术"意味着什么？"民间性"在当下和未来具有何种价值和现实意义等问题，都值得深入思考。它或许是"民间美术"保持自身特质并在未来寻求自我生存空间的重要质素。

## 一、作为日常生活的民间性

从某种程度而言，"民间性"与"民间精神"接近，但它更世俗化和普遍，是老百姓的生活哲学、道德情感、审美特质和行为模式在造物方式及其精神层面的外化与透射。其中，可能包含有平等、自由的秩序诉求，也有天然、朴素的本心觉知，或者实用、节约的生活哲学以及悦目、耐观的审美表达。

举一个事例，或许更能便于理解"民间精神"或者"民间性"。20世纪80年代，北京几位民艺研究者到陕西华县考察，路遇几位前去参加小孩满月的乡民，经过沟通，欣然与乡民一同前往。到了主家，琳琅满目的"民间美术品"让他们颇为激动，爱不释手，拿出相机便拍。民间美术品往往与百姓生活中的节庆仪礼密切相关，它是一次盛大的造物交流，也是一场欢愉的精神分享。在这一天，手工制作的生活用物都会因为血缘或亲情而汇聚，在自家的场院里随意摆开，是一场开放的展览会，没有物质围墙的场院，也没有阶层障碍的人伦，使得展览会颇具亲切的吸引力，人们自由观看，欢笑交谈，不同年龄和性别的观者都能各取所需，成为这个展览平等的参与者和观看者，于是，与生活相关的知识、技能和情感得以在此融入和传播。

此故事的趣味性环节还在后面。到了吃饭时间，主家邀请北京来的客人入席，一番推让，上位就座。这时，专家们看见，刚才让他们眼花缭乱、大开眼界的花馍，被乡民们切成了小块，经过烹蒸后端上桌来，男女老少们拿起来就吃。专家们一阵叹惜，乡民们却是哈哈大笑："再好看的馍不也是为了让人吃的么？不吃难道光放着看呀？那岂不是太浪费了？"这番话，使专家们瞬间从自己对美术品理解的"牛角尖"里跳脱了出来："对呀！再悦目的'民间美术品'不也是为老百姓服务的么？实用性的生活哲学,使他们不会成为美的奴隶,而在意识上拘囿他们,花馍被吃进肚子里,才使其意义更加完整并得到升华,使百姓们觉得神灵的护佑之力在他们的体内和心念上得以发力和存续。"

从该故事中对花馍民俗功能的部分叙述可以看出民间性在民间美术及其民俗活动中的特质。另外,在花馍的制作方式、造型样式、材料物性等方面,同样也包含着"民间性"的特质要素。老百姓用自己最熟悉的物质材料和工具,用自己最习惯的加工工艺和智慧,用全体民众最普遍的认知习惯和标准,制作出符合自身生活诉求的花馍。在很多民间美术品的制作过程中,除了对先辈知识传统的借用和传承,自己在制作的心境上是自由的,它体现为社会最底层群体的自在之心和自为之心。也可以说,民间美术最基础、最可贵的内质就是对民众最平凡的日常生活观念的表达和承载。另外,这些物品是由他们自己制作、传播和消费的,因此也不会脱离他们的生活。正如美国学者杜威所忧虑的那样:"一件艺术作品一旦获得经典的地位,就会开始莫名地脱离它所形成的人的状况,以及它在实际生活经验中产生的对人的作用。"从杜威的观点中不难体会到民间美术品与民众关系的互动与互知,因而,以此来衡量民间美术的"民间性",足堪珍贵。

## 二、反思民间性的职业化倾向

遗憾的是,如今民间美术的外部关注者越来越多,但其自身资源以及内质的稳定性却愈来愈尴尬。当然,任何艺术形式都必然要面对它们与时代语境变迁的适应性关系。但是,当一种艺术形式的服务对象或内质因时代变迁而更改,便有些值得反思和正视了。调笑一点来说,今天的不少"民间美术"或许已经成为人们概念固化的一厢情愿,或者"涂脂抹粉""乔装打扮"的"六耳猕猴"。民间美术在去民俗化的过程中也遭遇了"招安",遭遇了主流美术意识形态的强烈诱惑。无可奈何的是,原本为生活所用的民艺品越来越多地成为参展、评奖和买卖的"作品"或"商品"。不是说民艺品不可以成为"商品",而是这些物品在从"为己所用"向"为它所用"转变的过程中没有保持住"初心"的稳定。原本属于自我觉知的美,现在却交由"他者"去指导或"评头论足",脱离了生活之用的民间美术品(说民艺品可能更合适),越来越以自卑的心态向主流美术靠拢,从而背离自身的传统,而求"外向"之因,这难道不是"缘木求鱼"之举吗?

对流水线和职业化民间手工艺生产的反思,张西昌提供

　　问题讨论到这里,自然会有人说:由于传统的生活方式和民众思维已经发生了改变,民间美术的传统性必然经受挑战。皮之不存毛将焉附?因此,民间美术品必须得寻找新的适宜土壤来生长。这些当下现实是每位业界人员都眼见心知的。笔者要说的是,恰恰是在此语境中,"民间性"才更值得反思和重视。君不见:当下所提倡的文化创意产业,在审美观念上对传统民艺有所转化和提升,但同时也存在一个尴尬的事实和致命的软肋,即文创产品大多曲高和寡、价格高昂,难以真正走入民众生活。这便是"民间性"的丧失。柳宗悦认为:"'民艺'有两个属性,其一是实用品,其二是普通品。"在我看来,这是"民间性"最妥当的保证。他也一直反对民艺从"手艺者"向"个人作家"的过渡,反对美术对工艺的过度干扰,反对民艺沦为少数人的情调调剂。可

这种担忧,在当下的中国正成为时髦的现实。在笔者看来,民艺(在这里使用"民间美术"一词觉有不妥)为大多数人生活服务的宗旨不能变,民艺切近生活之用的心念不能变,民艺保持朴素审美的基调不能变。这样,其"民间性"或许才有更长久的未来。

民间美术作为最普及的概念,是主流美术思维泛化的产物,在二分法的思维模式中,中国"民间美术"包含"欣赏"与"实用"两方面(其实有时很难截然区分),但在"美术"概念的导向和学科实践的操作中,倾向于前者。致使民艺品的价值解读长期陷入美术学科的筛选和异化之中,对于其生活之"用"的核心点缺乏应有认知。笔者认为,在诸多艺术形态中,唯有"民艺"与人的生命周期中的诸多细节相关联,它紧紧围绕个体生命与自然的关系以及群体性的社会生活而展开,具有根性的精神特质。这是其与主流(或曰上层)美术的最大差异。由此可见,如果对"美"的解读更多依赖于视觉,对"民间美术"而言,自然是不完整的。另外,在时代生活的淘检中,一些欣赏类的用物必然会更快消散,而实用类的物品也更期待现代审美意识和生活方式的相融与转化。

## 三、结语

在笔者看来,"民间美术"之所以成为"民间美术",在于其围绕民众个体的生命观及群体的社会生活而展开的紧密关系,进而所体现出的人类与自然的关联中最为根性和直接的物质需求与精神关系。因为自给自足、自创自用,民间美术具有相对自由的意识空间和表达方式,因此,也就具有鲜活的人性立场和强韧的生命力。但当下的状况是,原本作为普遍技艺和民众生活所需的民间美术形态,已经成为特殊化的职业行为,从而在生活层面上被架空,也在精神内质上被抽离。乡土空间的"去民俗化"趋势,使得民间美术成为一种假性的、当下的、活态的艺术形式。乡土空间是民间美术得以滋养的胎盘,因此在底层社会发生巨大裂变的同时,也必然影响民间美术的现实生态,出于具体生活的世俗选择,民间美术也因此难以及时从庸常的琐碎平凡中抽离出来,成为新文明的标签或样本。因而,在民艺振兴、乡村建设等诸多保护民间文化艺术的行为中,重新反观乡土社会,理解民众生活,或才是对"民间性"的务实性把握吧。

## 第三节 通渭书画:农村也是书香门第[1]

通渭书画是一个令人费解的文化现象。为什么甘肃河东地区一些县区的农民会如此热爱书画,每家每户都会挂书画作品?相比于原因,或许结果更重要,即耕读传家的传统得到了良性的传承。书画之于农民是业余的,他们很难成名成家,书画也不能给他们提供生活必备物料,但在劳作之外,书画让农民有了别样的生命体验和文化情怀,可见艺术实践与生活实践是密不可分的。

王 昊

编者按

### 一、书画界的"通渭现象"

"光村赤地"之通渭,一个地处甘肃省东部的国家级贫困县,曾因一句"陇中苦瘠甲天下,通渭苦瘠甲陇中"被打上了自然环境恶劣的标签。然而近几十年来,提起通渭,有所了解的人第一反应往往是"中国书画艺术之乡"以及蜚声国内书画界的"通渭现象"。"仓廪足,知礼节;衣食足,知荣辱",今观通渭这片神奇的土地,经济相对落后的面貌没有改变,但翰墨飘香,沉寂的小县城里群贤毕至,商贾云集,如此别样的风景,也难怪会引起多方人士的关注了。

"人人爱书画,个个练书画,家家挂书画,处处有画廊,天天有展览"可以

---

[1] 本节为原创文章,作者王昊,西安工业大学文学院副教授,文学博士,宗教史博士后。

说是对"通渭现象"最好的概括了,以此形成了蔚为壮观的崇尚书画之风和日益兴隆的书画交流集散活动。通渭书画热是一种持久、厚重和不断升温的存在,可以看出,这是历史和时代的选择,从某种程度上来讲,通渭书画热也许可以被人们视为中华优秀传统文化发展的一个缩影,更确切地说,它代表的是其中一种属于人民的乡土艺术的发展。

"文化"本就是一个比较厚重的词,没有一定的文化底蕴,不可能形成"通渭现象"这样的文化氛围,"通渭现象"是文化沉淀的结果。"锄含云水笔含墨,耕罢梯田耕砚田"的耕读情怀,"不进牌场进赛场,不端酒杯夺奖杯"的豪迈情趣,"家有冷字不算冷"的文化自信,不是朝夕之间可以形成的。

## 二、作为乡土艺术的书画

通渭的文化艺术,整体被视为一种"乡土艺术",不同于宫廷、贵族或是文人的艺术,也就因此与生活紧密相连,因为普通大众想要成为单纯的艺术家实在太困难了。但在编竹篓,打造石磨、石碾等农事劳作工具的过程中,编织工艺品艺术家和石雕、石刻艺术家诞生了;在烧制泥砖瓦罐、打造家具的过程中,建筑和木雕艺术家形成了;在刻苦习文练字以为别人抄写乡村祭文联仗的过程中,农民书法家练成了。艺术深深地嵌于生活。本是为了生存,但渐渐地,也许是他们生活的环境里浓郁的文化气息发挥了作用,又或许受艰苦奋斗的品格和积极乐观的生活态度影响,使他们本能地展现出了对艺术的美好追求。于是当"星星之火"形成燎原之势的时候,就产生了"通渭现象",门类庞杂而又师承明晰。不仅如此,通渭的各种艺术实践是与生活实践密不可分的,艺术已经牢牢地扎根于通渭这片土地,这使得它可以经受岁月的洗礼而历久弥新,在其他的艺术渐渐被历史尘封的大背景下也能够站立得住。可以看出,通渭书画等艺术是很有厚重感的,也是有望继续朝纵深处发展的。

"家中无字画,不是通渭人"是人们对通渭书画收藏盛况的生动真实的写照,这是对书画艺术的认同,对文化艺术的崇尚,对文化的自觉传承。有人也许会怀疑通渭人对文化的忠诚,当温饱尚难以满足时,追求精神上的愉悦和满足是不是太过奢侈了?在"学而优则仕"的科举时代,渴求知识,雅好"诗书画印"是不是有追名逐利或附庸风雅之嫌?然而通渭人太朴实了,也太普通了,他们的热爱是一种自发的情结,一种单纯的仰慕,这种情结和仰慕也让他们视精神财富犹如物质财富,甚至重于物质财富。一句"家有冷字不算冷"道尽了通渭人对书画艺术的崇敬,收藏有冷文炜的字,就算家庭再贫穷,精神上也是富有的。当今社会,一些空凭一纸大学毕业证书混社会的高等知识分子被评价为"有知识,没文化",与此形成鲜明对比的是,通渭有很多人是没有机会接受高等教育的,在知识上还很欠缺,但我们不能说他们没有文化,他们对文化艺术有着一种发自内心的喜爱和崇敬,并具有一种与生俱来的悟性和兴趣。无论从哪个角度来说,这都是难能可贵的。

## 三、结语

通渭书画不是小众的文化,不是高高在上的文化实践,而是渗透到每一位乡民思想情结中的文化意识,他们炽热地爱着、写着、评论着,就如同他们也要忙于田间地头,忙于油盐酱醋一般,不同的生活,一样的行进。通渭书画是农民自身的文化书写,是乡民的业余生活。书画不能提供给乡民生活必备,但他们在劳作之外,有了别样的体验,放下锄头,洗净泥土的乡民,在一张张案子上,或画或写,构成着他们对生活无尽的热爱。书画不一定非要与众不同或是标新立异,但一定不能刻意拟古,里面一定有一个真实的我,一份真实的情感。正是尽真尽实、原汁原味,才把通渭的本土特色体现出来。

## 第四节　打钱杆:在游戏中传承乡土文明[①]

从幼儿园开始,上课似乎成了孩子的主业,而课余时间,大多孩子猫在沙发里看视频、玩游戏,成为"沙发里的土豆"。本节展现了一个传统而"另类"的案例——打钱杆。孩子们奔跑在土地上,玩着由家族长辈或是村里手巧之人制作的"土玩具",与小伙伴们一起培养起毕生难忘的总角之谊,同时,也加深了对乡村文化的了解和认同,把自己的童年与一个区域、一个村庄联系在一起。游戏是孩子们的业余活动,它与学校的课程学习一起,建构着一个完整的人格,成为生命中不可或缺的一部分,并以这种方式客观上实现乡土文化传承的目标。

王　昊<br>编者按

### 一、在游戏中传承文化

在中国乡村流行着众多的民俗活动,既有庄重隆显的祭祀仪礼,也有纷繁热闹的民俗表演。大多民俗表演都是由成年人来完成的,但其中也不乏青少年可以参与的民俗表演,西安市鄠邑区就有这样一种专由青少年参与的民俗表演——打钱杆。所谓钱杆,是当地乡民用山上的翠竹制作的,将翠竹砍伐稍微晾晒后,截成长度适合孩童使用的尺寸,然后用刀从中间劈开,但不劈断,将之擦拭清洁后,将金属质地的铜钱状装饰物,用铁丝缠绕,固定在竹竿上,这样一把钱杆就做好了。打钱杆对于孩童的年龄很有要求,太小的娃娃无法教学,而身高超过一米四的孩童则不够灵活,所以孩童的年龄一般在五岁到十二岁之间。孩童天生好新奇,这使他们对打钱杆兴趣盎然,而在打钱

---

[①] 本节为原创文章,作者王昊,西安工业大学文学院副教授,文学博士,宗教史博士后。

杆的过程中,更为重要的是他们收获了很多的乐趣和友谊,通过这项活动完成着他们的乡土文化启蒙教育,构筑着他们对于乡土文化的生动认识。

当下众多媒体涌入孩童的世界,占据他们很大部分的娱乐空间。观照乡村的孩子们亦然,娱乐活动已经与手机、网络等同,炫目的游戏,多样化的社交媒体,但这并非我们愿意看到的。民俗表演的古老厚重,虽然与时下娱乐风尚格格不入,但是否就意味着孩童对之毫无兴趣呢?通过田野调查我们发现,答案恰恰是相反的,乡村中的孩童对这项活动的参与十分积极。可见在乡村文化振兴的过程中,区域的民俗表演项目都具有鲜明的年龄层次性,这使得每位乡民总能在其中找到自己很感兴趣又乐于参与的民俗项目,从而显示出乡村民俗活动拥有广泛的群众基础成为可能。在这些广泛的群众里,有一个突出的群体,也就是儿童,俗话说凡事要从娃娃抓起,打钱杆这一活动就为孩子们上了一堂生动的民俗文化体验课。

打钱杆这一民俗活动从设计到实践,都是专门为少年儿童量身定制的,这一民俗活动本是为了让孩童在参与中得以祈福消灾,现在已经演变为丰富乡村文化的重要载体。对孩童们来说,参与其中收获了丰富的民俗知识,这是启蒙他们学习传统文化最好的途径和方式,构筑了他们对乡村文化的生动认识,可为他们日后传承和创新乡村文化积淀力量和动能。同时,青少年童真、活泼,少功利心,使得他们将打钱杆视为一种单纯的民俗娱乐活动,这杜绝了经济利益引发下的民俗变质,可以保证乡村文化的纯粹性,很好地诠释了业余性原则。

## 二、社交与乡村认同

在孩童们参与打钱杆这类民俗活动的起初,他们都怀有一颗赤子之心。少年儿童普遍喜欢玩乐,打钱杆本身也始于游戏,这样很多小孩子聚合在一起,就促成了良性合作关系的产生,继而升华为纯洁的友谊。在这个网络密布的时代,娱乐方式层出不穷,足不出户亦可完成多样化的社交,这使得很多少年儿童虽然同在一个村庄里生活,也不见得互相认识,打钱杆则可以为孩子们提供认识新朋友的乡村社交平台。在田野中我们就听很多孩童谈起这件事情:"我和他虽然住在一个村子,但是我们一点儿也不熟悉,他家在村西,我家在东头,平时倒是见过几次,也不说话,但是一起参加这个活动,很快就熟悉起来,大家每天在一起训练,我认识了好多之前不认识、不熟悉的村里面的小孩儿,现在我们夏天经常在村广场一起玩,我很开心能认识这么多好朋友。"很多不同地方的孩童都有着同样的经历,表示如果他们不是参与这项民俗表演活动,就不会认识这么多新伙伴,并且表达出自己以后还想参与乡村民俗活动的意愿。可见打钱杆这样的活动减少了同处一村的孩童们彼此之间的陌生感,这有助于促进村庄的和谐与稳定。

中国的农村不同于西方的农庄,村庄始终是一个集体,村民之间唯有志同道合,中国的农村才能得到较好的发展,这就显示了社交的重要性。打钱杆虽只是拓展了孩童们之间的社交,但也可以通过孩童们的社交,联系更多的乡民家长,从而辐射到整个乡村,这样一来就可促成一个村庄更加牢固为一个集体,通过集体性的共有实践来培养乡民的共有感情,在其中不断重构和巩固乡村认同。

在孩童们参与打钱杆这一民俗活动的整个过程中,他们会潜移默化地形成对乡村文化的认知体系,并由此产生各自不同、丰富多彩的个性体悟。在这一民俗活动中,孩童们在展示自我的过程中获得了在集体中的身份认同。与此同时,当在活动中感受到快乐且自己获得满足实现了自己的价值后,他们会在幼小的单纯的内心深处不由自主地对民俗文化代表的地方知识表现出浓厚的兴趣和崇敬的认同感。这将对他们日后渐趋形成世界观、人生观和价值观具有重要的作用和意义。在少年儿童时期所产生的文化认同感不仅仅是一瞬间的感情,必然会随着他们年龄的增长,犹如树木一般,生根发芽直至枝繁叶茂,将会在他们以后的人生历程中发挥不可估量的作用,这也就是我们为什么要如此注重文化对青少年成长的巨大影响力的根本原因。

在国家和社会大发展的进程中,"少年强,则国强",青少年亦包括儿童一代,他们是时代发展的生力军。童年时期是接受民俗文化教育的最佳时期,打钱杆不仅是一个让孩子们亲身参与的民俗活动,更是民俗文化承传和区域社交的平台。游戏性深深吸引着少年儿童,悄无声息地为他们学习传统文化打下了坚实的基础。所谓传承,即继承并传播,首先必须对文化有一定的认知和饱满的兴趣,打钱杆的亲身体验为之提供了一个契机。

## 三、结语

从幼儿园开始,上课似乎成了孩子们的主业,在课堂上,他们学习科学知识,学习社会文化。那么,课余时间呢?大多孩子猫在沙发里看视频、玩游戏,成为"沙发里的土豆"。这种孩童的养成方式,在当代中国从城市到乡村,正成为一种"时尚"。

可是本节中,我们讨论乡村文化振兴,展现了一个传统而"另类"的案例——打钱杆。孩子们奔跑在土地上,玩着由家族的长辈或是村里手巧之人制作的"土玩具",与小伙伴们一起培养起毕生难忘的总角之谊,同时,也加深了对乡村文化的了解和认同,把自己的童年与一个区域、一个村庄联系在一起。

游戏是孩子们的业余活动,它与学校的课程学习一起,建构了一个完整的人格,成为生命不可或缺的一部分,并以这种方式客观上实现乡土文化传承的目标。

## 思考问题

1. 如何理解乡村文化业余性这个概念?
2. 乡村文化的业余性与乡民文化消费的关系是什么?
3. 乡村业余文化活动有可能转向专业性吗?条件是什么?应该如何看待?

## 延展阅读

1. 祝鹏程:《文体的社会建构:以"十七年"(1949—1966)的相声为考察对象》,中国社会科学出版社,2018年。
2. 沙垚:《新中国成立之初农村读报组的历史考察——以关中地区为例》,《新闻记者》2018年第6期。
3. 朱天、张帆:《嵌入、表达、认同:斜杠青年的自我实现研究》,《中国青年研究》2020年第6期。